Don Reuru"

LA FONDATION

DE

LA COLONIE FRANÇAISE

DE LA

CÔTE D'IVOIRE

PAR

FRED BULLOCK
Fellow of the Royal Geographical Society

LONDON
LE "COURRIER DE LONDRES"
220, WESTMINSTER BRIDGE ROAD, S. E.
1912

Marcel Treich-Laplène
Le premier Explorateur de la Côte d'Ivoire

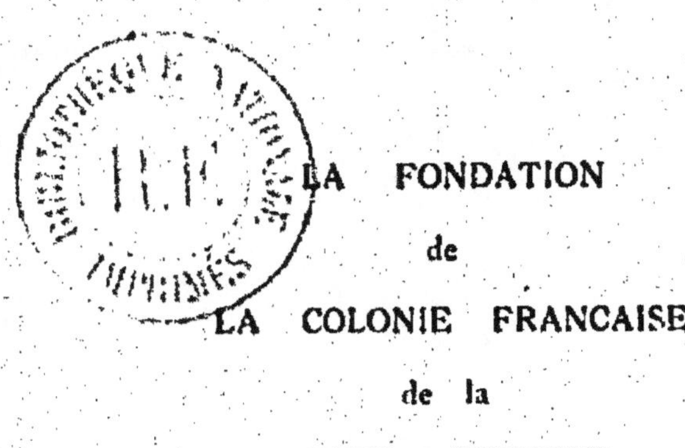

BIBLIOTHÈQUE TOULOUSE IMPRIMÉS R.F.

LA FONDATION

de

LA COLONIE FRANCAISE

de la

COTE D'IVOIRE

8° K 11
1013

LA FONDATION

DE

LA COLONIE FRANÇAISE

DE LA

CÔTE D'IVOIRE

Par

Fred BULLOCK

Fellow of the Royal Geographical Society

LONDON

LE "COURRIER DE LONDRES"

220, WESTMINSTER BRIDGE ROAD, S. E.

1912

AVANT-PROPOS

Ces chapitres ont déjà paru sous forme d'articles publiés dans le *Courrier de Londres*. Ils ont été un peu révisés, et je me félicite d'avoir pu ajouter, à l'appendice, quelques documents très importants que j'ai eu la bonne fortune d'obtenir de la famille TREICH-LAPLÈNE avec permission de les publier. Je lui dois mes remercîments les plus sincères, ainsi qu'à tous ceux qui m'ont aidé dans ce travail.

Si ce que j'ai pu faire hâte le jour où l'œuvre fondamentale de TREICH-LAPLÈNE à la Côte d'Ivoire sera reconnue, et sa mémoire honorée comme elle doit l'être, ce me sera une douce pensée à moi, Anglais, de songer que mes efforts auront contribué à ce dénouement depuis trop longtemps attendu.

B.

LA FONDATION

DE

LA COLONIE FRANÇAISE

DE LA

CÔTE D'IVOIRE

BIBLIOTHÈQUE NATIONALE IMPRIMÉS

CHAPITRE I

Une question de faits

Tous les écoliers français savent aujourd'hui que le chef-lieu de la colonie de la Côte d'Ivoire s'appelle Bingerville, et il tombe sous le sens que ce nom devrait rappeler le personnage qui a dépassé du tout au tout ce que d'autres ont fait dans la Colonie. Au reste, si quelque doute venait a l'esprit de l'enfant à cet égard, on lui dirait sans doute que ce nom de Bingerville a été donné en l'honneur du fameux explorateur Louis-Gustave Binger, qui a exécuté, du Niger au Golfe de Guinée, un voyage remarquable dont il a publié la relation dans un ouvrage bien connu.

Que l'administration coloniale ait jugé bon de donner un témoignage public de reconnaissance à un grand voyageur, rien de plus légitime, mais ce qui est absolument incompréhensible, c'est que la Côte d'Ivoire, fondée par Marcel Treich-Laplène, ait été choisie pour commémorer le souvenir de celui qui fut surtout l'explorateur du Soudan et du Haut Niger. Cette décision, que rien ne justifie, ayant cependant été prise, on comprend qu'il ait pu se trouver un Commissaire de la Colonie, M.P.Mille, pour déclarer *a priori* (dans une notice publiée à l'occasion de l'Exposition Universelle de 1900), que le nom de Bingerville avait été donné dans le but « de rendre hommage au *premier explorateur* de la Côte d'Ivoire ».

Si, en effet, on examine une carte de cette région, l'impression qui se dégage est bien que M. Binger doit vraiment être l'homme de la Colonie, celui qui l'aurait créée de toutes pièces, puisque, seul, son nom est mis en évidence. L'erreur de M. Mille se concevrait donc si sa situation officielle ne l'avait mis à même de connaître la vérité, de savoir que M. Binger n'est arrivé qu'après la fondation de la Colonie, et alors qu'elle s'organisait déjà. M. Mille fait preuve à ce sujet d'une ignorance regrettable et son assertion est nettement contraire à la vérité historique.

Il ne faut pas confondre autour avec alentour.

Le plus grand mérite de M. Binger (en dehors de son exploration dans des régions aujourd'hui situées hors du territoire de la Côte d'Ivoire ou devenues anglaises) fut d'être le premier Gouverneur de la Colonie qui nous intéresse. Le premier explorateur de la Colonie fut, non pas M. Binger, mais Marcel Treich-Laplène, et c'est celui-ci qui doit conserver le titre, à lui officiellement décerné, de « Fondateur des Etablissements de la Côte d'Ivoire ». C'est là que Treich-Laplène est mort, il y a vingt ans, mort à la tâche, consolidant la Colonie qu'il avait fondée, et il est douloureux de penser que d'autres (quelque méritoires que soient leurs exploits), cherchent à lui ravir un titre si noblement conquis.

Mais si Treich-Laplène, ayant sacrifié sa jeune vie à l'œuvre de l'expansion coloniale française, ne peut plus élever la voix, son œuvre reste, et il n'est au pouvoir de personne de refaire l'Histoire. On peut momentanément travestir la vérité ; il n'en reste pas moins que lorsque l'heure aura sonné de rechercher d'une façon impartiale la part d'honneur qui revient à chacun dans la constitution de l'empire ouest-africain français, on sera bien obligé de reconnaître le rôle essentiel, fondamental, joué par Treich-Laplène.

Mais une telle affirmation demande à être justifiée.

Je me propose donc d'exposer ici, d'une façon succincte et toujours conforme à la vérité, l'histoire de la fondation de cette Colonie. Ainsi le lecteur pourra voir par lui-même si j'ai tort ou raison de déclarer que le premier explorateur de la Côte d'Ivoire ne fut pas M. Binger, et que l'assertion citée plus haut, de M. Mille constitue, non seulement une erreur manifeste, mais aussi une injustice cruelle envers le patriote disparu, qui, incontestablement, mérite le souvenir reconnaissant de tout bon Français.

*
* *

Pour bien juger l'œuvre de la fondation de la Colonie, il faut remonter, au moins, jusqu'en 1883, date de l'arrivée de Treich-Laplène dans le pays. A cette époque, il n'y avait à la Côte d'Ivoire qu'une seule maison française, celle de M. Verdier, de la Rochelle, et il n'existait dans toute la région que deux points de la Côte où la France possédât des établissements : Assinie et Grand-Bassam.

La France avait dû rappeler ses forces militaires
de la Côte à la suite de la guerre désastreuse de 1870.
Ce retrait ne signifiait nullement qu'elle entendait
renoncer à ses droits, mais alors, elle avait ailleurs
de douloureuses et plus pressantes préoccupations.
Celles-ci lui firent oublier parfois son devoir envers
les colonies, et le vaillant patriote, Verdier, à qui
fut confié le pavillon national, se trouva trop souvent abandonné à ses seules forces, en présence de
rivaux extrêmement actifs et entreprenants.*

C'était à cette époque aussi qu'avait lieu, entre
les différentes nations européennes, une lutte des
plus vives pour la possession de l'Afrique et plus
particulièrement de la Côte Occidentale. La France
était installée à Grand Bassam et Assinie ; l'Angleterre avait depuis longtemps Cape Coast Castle ;
l'Allemagne s'empara du Togoland ; d'autres
puissances s'approprièrent des territoires sur divers
points du continent.

La délimitation hâtive de « sphères d'influence »,
sur la côte d'abord, et ensuite dans l'intérieur,
engendrait de nombreuses querelles. Dans tous les
journaux il n'était alors question que du « partage
de l'Afrique ».

En 1883, une Commission franco-anglaise tenta
de mettre fin aux interminables différends relatifs
au tracé des frontières. Les Anglais reconnurent
que le pays d'Assinie avait été régulièrement placé
sous le protectorat de la France en vertu d'un traité
négocié en 1843, entre cette nation et le roi

---

* Pendant de longues années M. Verdier assura la sécu-
rité des comptoirs de France au prix de luttes continuelles
et quelquefois de pertes considérables, qui ne furent jamais
assez appréciées. C'est lui qui plus tard favorisa les explorations de Treich-Laplène et de Binger, payant de sa
bourse, et prêtant son crédit. Que le patriotisme de ce
généreux pionnier ne soit pas oublié !

Amatifou. Mais l'entente ne put s'établir entre les commissaires lorsqu'il s'agit de vérifier l'étendue exacte du royaume d'Amatifou dans la direction Est, vers l'Appollonie (aujourd'hui comprise dans la colonie anglaise de la Côte d'Or). Et à partir de cette date les Anglais disputèrent aux Français, non seulement la partie de la côte qui séparait Assinie de l'Appollonie, mais aussi et surtout la possession du « Hinterland ».

En 1884-85, un Congrès international fut tenu à Berlin où les représentants de quatorze puissances se réunirent pour fixer, entre autres choses, les règles générales à observer en cas d'annexion de nouveaux territoires. C'est à ce Congrès que fut employée pour la première fois l'expression « sphère d'influence ». Des frontières artificielles et temporaires, destinées à restreindre la liberté d'action des puissances intéressées, furent établies à l'aide de simples lignes au crayon tracées sur la carte. Chaque nation conservait les territoires qu'elle avait déjà, et qui se réduisaient souvent à de simples comptoirs de commerce situés sur la côte.

Tel était l'état de choses lorsque Marcel Treich-Laplène devint représentant de la maison Verdier à la Côte d'Ivoire.

Il n'avait eu précédemment aucune idée de se faire explorateur. Son père, qui était notaire, et qui remplit aussi les fonctions de Maire pendant dix ans à Ussel, où Marcel naquit en 1860, avait désiré que Marcel fît ses études de droit. Le jeune homme, à cette époque (1883), avait déjà fait trois ans de service militaire en Algérie et une campagne dans le Sud-Oranais. C'est pendant cette campagne qu'il avait perdu son père, lequel étant entré dans la magistrature coloniale, mourut juge-président du Tribunal de première instance à l'Ile Mayotte, en 1882. Alors, pour arriver à faire ses études de droit sans être à charge à sa mère, Treich-Laplène se fit provisoirement maître répétiteur au Lycée de La Rochelle, tout en suivant ses propres cours. Mais en 1883, M. Verdier, ce riche armateur de La Rochelle qui possédait de si importantes factoreries à la Côte d'Ivoire, connut Marcel Treich-Laplène par M. Lagarde, alors Préfet de cette même ville et ami de la famille du jeune homme. Un poste lui fut bientôt offert comme représentant de M. Verdier à Assinie et à Grand Bassam, et comme gérant responsable des factoreries et des plantations. Il accepta, partit presque aussitôt, et mit tellement du sien dans l'accomplissement de sa charge, que bientôt les factoreries de la maison Verdier devinrent plus florissantes qu'elles n'avaient jamais été. Il était aimable et aimé ; il gagnait les cœurs de ses subordonnés et des ouvriers indigènes. Il fonda une petite école pour les jeunes noirs et se fit leur premier professeur.

Après deux ans de la vie de colon, Treich-Laplène fut nommé Résident délégué à la Côte d'Ivoire. Le zèle et l'intelligence qu'il déploya dans l'exercice de ses fonctions lui valurent l'estime de M. Verdier ; il obtint dès le début, par la loyauté de son caractère et la correction de ses procédés, la sympathie des chefs indigènes voisins, avec lesquels il fut vite lié d'amitié. Son secrétaire, M. Bricard, écrivait après sa mort à Mme Treich-Laplène :

Il avait passé en Assinie comme une sorte de conquérant, redouté d'abord, adoré plus tard, n'ayant pour toutes armes que son inflexible volonté soutenue par une bonté si grande que tout avait plié sans révolte devant lui.

A Krinjaboo, quand je rendis visite au vieux roi d'aujourd'hui, Akasamadou, impotent et faible, on me parla du roi défunt, Amatifou, dont le souvenir plane encore sur ces terres perdues comme l'âme d'un Louis XIV africain.

Ah ! me disait-on, si Amatifou vivait encore, s'il voyait aujourd'hui Treich-Laplène gouverneur de la Côte d'Or tout entière ! Il y aurait de belles fêtes à Krinjaboo. Et le pays, mené par ces deux hommes, irait à vos idées, irait vers vous au pas de charge.

Et dans ce rapprochement fait par ces natures incultes, entre ce roi nègre, puissant et redouté, et cet homme tout jeune, presque un enfant, devant qui les blancs et les noirs s'inclinaient, je n'ai vu qu'une chose: Amatifou était à leurs yeux le plus grand des rois, et Treich-Laplène un chef suprême dont les blancs eux-mêmes reconnaissaient la haute supériorité.

Cette citation, extraite d'une lettre que les lecteurs trouveront in-extenso à la fin de la brochure, montre bien que Treich-Laplène avait conquis les cœurs avant de conquérir pacifiquement les territoires, et que, malgré sa jeunesse, il exerçait un ascendant tout puissant aussi bien sur les Européens que sur les Indigènes.

Cette situation morale de Treich-Laplène, cette influence personnelle si précieuse, sont à noter soigneusement. Elles expliqueront comment ce tout jeune homme a pu parvenir jusqu'à Kong par une voie réputée inaccessible, à travers des difficultés qui, en effet, auraient été insurmontables pour tout autre. *Insurmontables*, dis-je, cela est un fait ; car nul autre que lui n'avait été jusqu'alors à même de se créer d'aussi puissantes relations ; nul autre ne disposait du crédit considérable dont il jouissait auprès des chefs indigènes de la Côte, ainsi qu'auprès de leurs amis ou alliés de l'intérieur.

Mais revenons à notre historique.

En 1886, le vieux roi Amatifou de Krinjaboo, fidèle allié des Français et grand ami de Treich-Laplène, mourut. Il fut remplacé par Akasamadou, avec qui les Anglais s'empressèrent d'entrer en relations. Ceux-ci réussirent à fermer la route entre

Assinie et Coumassie. Akasamadou était impuissant, et oscillait entre l'alliance française et l'alliance anglaise. Treich-Laplène vit le danger ; il se rendit compte que si la France n'agissait pas immédiatement, la Côte d'Ivoire serait engloutie dans la colonie anglaise de la Côte d'Or.

Il résolut donc de signaler avec force et persistance le péril dont nul ne semblait se soucier. Le 10 mars 1887 (trois ans juste avant sa mort), il écrivait de Krinjaboo, capitale du royaume d'Assinie, à M. Bayol, Lieutenant Gouverneur du Sénégal, pour lui exposer la situation politique et commerciale du pays. Un mois plus tard, n'ayant pas reçu de réponse, il s'adressait à M. Verdier, à La Rochelle. Voici quelques passages de sa lettre qui montrent combien vive était la lutte pour la possession de ces contrées :

A l'heure actuelle, dit-il, ce n'est plus seulement dans le pays qu'on travaille. C'est dans l'intérieur qu'on cherche à séquestrer la Colonie.

Depuis quelques jours il n'est bruit que de l'invasion des Anglais, qui ont serré et avancé leurs lignes de douanes à l'intérieur, de façon à couper les routes sur le pays d'Assinie.

Les peuples de l'Abron et du Bondoukou (pays à l'intérieur, au nord d'Assinie), qui jusqu'à présent ont décliné les propositions du protectorat anglais, sont bloqués ; il faut, ou qu'ils passent par la voie de Cape Coast Castle, ou qu'ils cessent de se ravitailler.

Désormais c'en est fait de la Colonie... Son avenir politique et commercial est ruiné... Il n'y a plus d'hésitation possible : ou abandonner la colonie d'Assinie, ou organiser une expédition dans le but de s'assurer, par un traité, l'alliance des gens de l'Abron et du Bondoukou. Il est indispensable, je le répète, que l'on agisse, et promptement, si l'on ne veut pas se laisser enfermer, *politiquement et commercialement*, dans une impasse, et en être réduit à abandonner, ou céder pour rien, une colonie qui est encore la trouée centrale que les Anglais veulent boucher. C'est la trouée qui *donne accès à nos possessions africaines du Haut Niger, et qui bat en brèche les possessions anglaises de la Côte d'Or et de l'Ashantee.* *

Voilà la situation. Je maintiens que l'homme qui a vu cela, l'homme qui seul, ayant perçu l'imminence du danger, l'a dénoncé et conjuré au péril de sa vie, empêchant les Anglais d'avancer, est bien celui qui mérite le titre de Fondateur de cette Colonie. Sans lui, sans l'initiative, la persévérance, et l'héroïsme dont il fit preuve, la Colonie tombait infailliblement au pouvoir des Anglais... et alors... où serait aujourd'hui l'empire ouest-africain français ?

---

* Verdier : *Trente Années de Lutte*, p. 141.

CHAPITRE II

Première exploration de Treich-Laplène

Dans notre premier chapitre nous avons vu Treich-Laplène démontrant la nécessité absolue qui, en 1887, s'imposait à la France d'agir promptement si elle voulait conserver ses Établissements de la Côte d'Ivoire.

Au mois d'avril 1887, M. le Lieutenant Gouverneur Bayol écrivait à M. Verdier une lettre qui montre que les appréhensions de Treich-Laplène étaient, enfin, partagées en haut lieu. « J'estime, » disait-il, qu'il n'y a pas de temps à perdre... Je » vous engage, vu l'urgence, à envoyer M. Treich- » Laplène en mission auprès des rois de l'Abron » et du Bondoukou. Il passera des traités d'al- » liance... »

Treich-Laplène prépara immédiatement son expédition, et comme il n'y avait pas une minute à perdre pour devancer les Anglais, il se mit en route le 2 mai 1887, sans attendre la fin de la saison des pluies.

Il dut partir avec un nombre insuffisant de porteurs, ce qui l'obligea à laisser en chemin une bonne partie de ses provisions ; les privations qu'il endura de ce fait eurent raison de sa robuste constitution et il tomba sérieusement malade.

Il s'agissait d'explorer une région absolument inconnue ; les populations habitant le pays à plus de cinquante kilomètres au nord d'Assinie n'avaient jamais vu de représentants du Gouvernement français. Après six jours de voyage en pleine forêt vierge, couchant à la belle étoile sous une pluie battante, il arrive à Diambaracrou, où il est reçu presque avec effroi.

« L'arrivée du premier blanc, dit-il, dans ces régions jugées jusqu'alors inaccessibles aux hommes de notre race, semble chose extraordinaire. »

Mais bien qu'on fût fort effrayé de l'arrivée d'un blanc, Treich-Laplène constata que l'influence anglaise s'était déjà beaucoup fait sentir dans ces contrées. La guerre anglaise contre les Ashantees, et le sac de Coomassie, quatorze ans auparavant, demeurait encore dans la mémoire des indigènes. On craignait donc les Anglais.

Le noir commerçant anglais est toujours doublé d'un homme politique, dit Treich-Laplène,* il fait de la politique pour faire son trafic. C'est cette façon de procéder, encouragée et ordonnée par le Gouvernement de Cape Coast, qui peu à peu est arrivée à effacer tout souvenir de notre influence et de notre force. Que de fois mon amour-propre de Français a été blessé par des réflexions de ce genre : « C'est l'Anglais qui commande tous les blancs. De même du nègre au blanc, il y a la différence de la femme à l'homme, de même du Français à l'Anglais on fait la même différence ! ! »

C'est peu flatteur assurément de traduire ces appréciations sur notre compte ; mais il est utile, je crois, de signaler un état de choses que, nous l'espérons, l'avenir modifiera.

Aussi Treich-Laplène avait-il à lutter avec ténacité, à déployer toutes ses facultés, et particulièrement son pouvoir de persuasion, pour arriver à faire accepter le drapeau français.

---

* Revue de Géographie. Sept. 1895, page 223.

De Diambaracrou il descend sur Bettié, dont le roi est Bénié Quamié. Un traité, qui place sous le protectorat de la France tout le pays de Bettié, est passé.

Le traité de Bettié nous donne, explique Treich-Laplène, la clé de la rivière Akba (ou Comoë), la vraie route du pays de Kong, où elle prend sa source. Si jamais les Anglais eussent eu le temps de pénétrer jusqu'à Bettié, la Côte d'Ivoire était perdue pour la France. La colonie devenait une impasse, au lieu qu'il est temps encore de s'y créer des relations et des attaches aussi considérables que celles de la Côte d'Or anglaise. De même que c'est la clé politique, c'est aussi la porte du commerce de toute l'immense région de Kong encore inexplorée*

Dans sa lettre à M. Verdier, donnant le résultat de sa visite à Bettié, il écrivait gaiement :

Ce sera la route de Kong assurée pour nous ; c'est-à-dire que la France finira par posséder, moins quelques points de la côte, tout le nord-ouest africain. Je ne demande aucune rémunération pour ma course, si longue qu'elle soit. De quoi atteindre le but, et je serai payé.

Le régime alimentaire purement indigène me réussit très bien. J'ai eu un peu de dysenterie, c'est fini. Mes pieds, quelque peu blessés, se guérissent. Mes huit ou neuf heures de marche par jour ne me paraissent plus rien ; je trouve les sentiers carrossables, et les singes délicieux.

Il pousse plus loin dans l'Indénié, vers Zaranou, le chef-lieu, et entre en pourparlers avec le roi Amoacou et cinq ou six des chefs les plus importants. Malheureusement Amoacou, bien que roi, n'a pas autorité pour conclure le traité et la question est ajournée pour être soumise à un conseil de tous les

---

* Revue de Géographie, Sept. 1895, page 222.

chefs de la région. Ce grand palabre a lieu le 19 mai 1887, mais il se trouve qu'un parti anglais, formé surtout d'étrangers, sujets anglais fixes ou voyageant dans ce pays, soulève des difficultés. Un pavillon anglais avait été autrefois placé à Zaranou par des Appolloniens. Treich-Laplène discute l'affaire : ils n'ont jamais traité avec un Européen, car lui-même est le premier blanc qui ait pénétré dans ce pays. Les indigènes admettent en effet qu'ils ne sont pas alliés aux Anglais ; cependant le débat est encore remis pour que le chef de Yacasse puisse en être averti.

Treich-Laplène continue donc son chemin vers le Bondoukou ; mais les fatigues de la marche, la nourriture indigène, les pluies, l'ennui de n'avoir pas mieux réussi à Zaranou, lui occasionnent une fièvre bilieuse qui le met sur le flanc.

Ayant appris qu'une mission anglaise suit une route parallèle à la sienne, il envoie un interprète indigène au roi de Bondoukou avec un présent et ce message :

Le Gouvernement français, allié du roi Akasamadou, a envoyé un Français pour ouvrir des relations amicales avec son pays et assurer par des traités des relations commerciales avec le pays d'Assinie.

Le Gouvernement anglais du Gold Coast voudrait fermer la route du pays d'Assinie pour obliger les gens de l'intérieur à s'approvisionner chez lui. C'est pour assurer aux gens de l'intérieur la facilité de toujours descendre à Assinie que le Gouvernement français et le roi Akasamadou l'envoient vers lui, Adjimin.

Le roi Adjimin répondit qu'il serait heureux d'entrer en relations avec les alliés du roi d'Assinie, et qu'il était prêt à accepter une alliance avec la France. Il promit de ne traiter avec aucune autre puissance.

Voilà donc le Bondoukou sauvé !

Pendant ce temps Treich-Laplène essaya de monter lui-même vers Bondoukou, mais ayant atteint Yakassé il fut repris d'une crise de fièvre et durant dix-huit jours fut en proie à de forts accès bilieux.

Il réussit cependant à faire promettre au chef-roi de Yakassé qu'il viendrait avec lui jusqu'à Amoaconcrou pour régler la question du traité de l'Indénié. Quoique se sentant épuisé, n'ayant plus aucune ressource, ni en vivres ni en médicaments, il travaillait à préparer en sa faveur les divers chefs du pays.

Enfin, le 25 juin 1887, dans un grand palabre, un traité de protectorat sur l'Indénié fut signé à Amoaconcrou. *Ce traité gardait la rive gauche de l'Akba, comme celui de Bettié gardait la rive droite.*

Les Anglais, dit Treich-Laplène, ne pourront pas nous tourner ni nous empêcher de pénétrer jusqu'au poste du Niger si bon nous semble.*

Ainsi l'Indénié était acquis à la France.

L'explorateur décide alors de rentrer, mais afin de tirer le meilleur parti possible de son retour, il se résout à suivre le cours de la rivière Abka, et à explorer les territoires qu'elle traverse en la redescendant jusqu'à Grand-Bassam.

Partout il y a des torrents et des marais; il marche dans l'eau, parfois jusqu'aux épaules ; rien n'arrête notre jeune héros. Il arrive à Abradine, et là, un traité confirmant celui de Bettié est signé ; plus loin encore, à Cottocrou et à Yacassé, des traités d'amitié sont passés. Ces trois traités sont les corollaires de ceux de Bettié et de l'Indénié.

Enfin le hardi explorateur regagne Grand-

---

* Revue de Géographie, Juillet 1895, page 225.

Bassam, puis Assinie. Il avait fait ce qu'il s'était proposé de faire, et rapportait des traités parfaitement en règle conclus avec les rois de l'intérieur.

Or il y a lieu de noter que les pays, ainsi placés sous notre protectorat par Treich-Laplène, *se trouvent tous le long d'une ligne qui est devenue depuis la frontière anglaise.*

L'œuvre de Treich-Laplène se trouve donc inscrite, gravée en quelque sorte, sur la carte elle-même ; quel témoignage que celui-ci ! Et quelles affirmations plus ou moins intéressées, quelles déclarations plus ou moins sincères peut-on opposer maintenant à un fait aussi évident ?

Voilà maintenant la route barrée et les Anglais mis dans l'impossibilité de pousser à l'Ouest leurs possessions du Gold Coast.

Au point de vue géographique c'est à la France que revenait la priorité d'une visite dans ces régions absolument inconnues ; au point de vue politique, l'exploration ouvrait la porte d'entrée sur l'intérieur, et au point de vue commercial, elle assurait les débouchés sur Grand Bassam et Assinie. Le voyageur avait suivi un parcours de 550 kilomètres environ, et sa mission avait eu pour résultat de décupler la superficie de la possession française de la Côte d'Ivoire. La Colonie était sauvée. Sa ligne frontière à l'Est marque encore les limites posés par Treich-Laplène, et sa courbe reste le témoin silencieux de la lutte si fébrilement menée à cette époque entre les Français et les Anglais.

Je crois devoir rappeler ici au souvenir du lecteur que M. Binger n'avait encore, à cette époque, jamais mis le pied dans la Colonie comme explorateur. Et cependant il a été dit par un personnage officiel (après la mort de Treich-Laplène) que M. Binger fut le « premier » explorateur de la Côte d'Ivoire !

Ces messieurs connaissent-ils l'histoire de la Colonie qu'ils administrent?   A vrai dire, on en douterait. . . .

Reste à décrire maintenant la deuxième expédition, celle au cours de laquelle Treich-Laplène acheva la conquête pacifique du Bondoukou et effectua celle du pays de Kong.

CHAPITRE III.

Binger et Treich-Laplène.

M. Treich-Laplène revint en France, en Novembre 1887, pour se reposer des fatigues de sa première expédition. Il publia en partie ses notes, et la Société de Topographie de France lui décerna sa grande médaille d'or.

Mais son séjour dans la Mère-Patrie fut de courte durée. Il retourna en Afrique, au mois de Décembre 1887, et dut immédiatement prendre des mesures pour sauvegarder les droits français sur le territoire d'Assinie, voisin du Gold Coast anglais. Après bien des discussions, il arriva à faire signer au District Commissioner anglais d'Axim, le 22 Mars 1888, un compromis provisoire convenant de la neutralité des territoires en litige ; et, en 1889, quand la question fut définitivement réglée, ce fut grâce aux traités passés par Treich-Laplène que la ligne de frontière adoptée donna à la France tous les pays qu'elle réclamait.

Il faut se rappeler qu'à l'époque dont nous parlons, le grand empire colonial français de l'Afrique n'était encore qu'un rêve. Le vieux colonial Verdier avait gardé fidèlement, pendant trente-cinq années de luttes continuelles, les comptoirs de la Côte, en attendant le jour où la France lui enverrait quelques autres de ses courageux enfants pour recueillir les fruits de sa ténacité. Ce sont ces établissements qui constituèrent l'embryon de la colonie actuelle. Brétignière et Chaper avaient achevé d'établir la suprématie de la France dans le Sanwi, et Treich-Laplène, comme nous l'avons vu, avait placé sous le protectorat de la France les régions du hinterland convoitées par l'Angleterre. Le sentiment exprimé par ce jeune homme, en rapportant ses succès à M. Verdier, montre combien lui aussi était pénétré d'une ambition patriotique coloniale : « La France finira par posséder, moins quelques points de la côte, tout le nord-ouest africain. »

Au moment même où Treich-Laplène écrivait ces mots, M. Binger venait de traverser le Sénégal, et se proposait de visiter la région de la Boucle du Niger, puis de descendre jusqu'au golfe de Guinée par la Côte d'Ivoire.

Les raisons qui décidèrent M. Binger à effectuer le voyage du Nord au Sud, au lieu de le commencer par la Côte d'Ivoire, sont expliquées dans son grand livre *Du Niger au Golfe de Guinée* (tome I, page 3). J'en cite quelques passages :

1° Impossibilité de se porter à Assinie ou à Grand Bassam autrement que par des vapeurs anglais, et inconvénient d'éveiller ainsi l'attention sur mes projets de pénétration vers une région convoitée depuis longtemps par l'Angleterre.

2° Les explorations vers l'intérieur en partant du Golfe de Guinée avaient toujours échoué de ce côté.

3° Renseignements trop vagues sur les voies de pénétrations vers l'intérieur.

4° Difficulté de recruter une escorte de gens connus et dévoués.

5° Impossibilité, en partant du Golfe de Guinée, de faire usage d'animaux porteurs, et obligation d'avoir recours à des noirs qui, s'ils se révoltaient ou se mettaient en grève, me forceraient à rebrousser chemin.

C'est bien le fameux explorateur Binger qui parle ainsi des difficultés d'un voyage dans l'intérieur de la Côte d'Ivoire en partant du Golfe, difficultés si grandes que, malgré sa hardiesse, il y renonça. Au lieu d'explorer en premier lieu la Côte d'Ivoire, il décida de prendre l'autre route et de remettre à la fin de son expédition la traversée de la colonie, qu'il effectuerait du Nord au Sud.

Cet itinéraire si redouté, c'est Treich-Laplène qui, le premier, l'a suivi ; c'est Treich-Laplène qui a pénétré dans ce pays afin de préparer les voies pour la descente de Binger à la Côte (autrement dit, pour lui tirer les marrons du feu...) ; et j'ajouterai, c'est grâce au dévouement et à l'abnégation de Treich-Laplène que M. Binger n'a pas été laissé mort sur la route. Je vais expliquer comment.

Outre les difficultés si bien décrites par M. Binger, et auxquelles Treich-Laplène n'échappa point, il s'en trouvait une autre non moins redoutable qui tenait à l'insuffisance des ressources. M. Binger n'avait pu, en effet, obtenir une subvention assez élevée pour lui permettre d'effectuer tout le trajet. Or la dernière partie de son voyage, celle qui commençait à Kong, situé à l'extrême Nord de la Colonie actuelle de la Côte d'Ivoire, comprenait précisément ce parcours particulièrement pénible et qu'il redoutait tant. C'est à sa sollicitation que M. Verdier, sachant de quel bois était fait Treich-Laplène, promit à M. Binger de lui envoyer un convoi de ravitaillement jusqu'à Kong. Le désintéressement de M. Verdier se manifesta une fois de plus : il prit à sa charge la moitié des frais de l'expédition de ravitaillement.

M. Binger partit donc de Bordeaux le 20 février 1887. Il était à Bammako, sur le Niger, le 29 juin 1887, mais de ce jour, jusqu'au mois de mai 1888, on resta sans nouvelles de l'explorateur. A la fin de cette période on annonça sa mort. Il avait été, croyait-on, assassiné à Tengréla dans le pays du roi Tièba.

Plus tard cette nouvelle fut démentie. M. Binger était arrivé à Kong le 10 mars, et continuait son voyage au Nord dans le Mossi. Il allait revenir sur Kong attendre le convoi promis. Le Sous-Secrétaire d'Etat aux Colonies, M. Etienne, confiait alors à M. Treich-Laplène la difficile et dangereuse mission de se rendre immédiatement à Kong, pour y rencontrer M. Binger et le secourir ; Treich-Laplène recevait en même temps pleine autorité pour signer des traités d'alliance avec les chefs des pays traversés.

M. Verdier, patriote enthousiaste, écrivant à M. le Sous-Secrétaire d'Etat, au sujet de cette expédition, s'exprime ainsi :

L'arrivée de M. Binger à Kong offre une occasion unique de rallier tous ces peuples sous le pavillon de la France, de leur faire accepter entre eux et avec nous-mêmes des traités d'alliance et d'amitié, qui ouvriront aux établissements français d'Assinie le libre accès du bassin du Niger. L'imagination des noirs sera frappée de la rencontre au pays de Kong de M. Treich-Laplène, envoyé du gouverneur français au Sud, avec M. Binger, envoyé du gouverneur français du Nord.

Bien que sa santé fut encore chancelante, Treich-Laplène partit, en septembre 1888, pour ce long et périlleux voyage. Je passe sur les difficultés de toute sorte qui assaillirent le voyageur jusqu'au Bondoukou, pays qui forme actuellement la dernière limite de la Colonie au Nord-Est, le compte rendu de son expédition ayant été publié dans la *Revue de Géographie* (fév., mars, avril, mai, juin, juillet et août 1896).

Le roi de Bondoukou, Adjimin, hésita longtemps avant d'accepter le protectorat français, et pourtant il ne voulait pas laisser partir l'explorateur, ami d'Akasamadou, sans avoir passé le traité. Mais le Bondoukou est un pays très malsain ; Treich-Laplène en fit la cruelle expérience : à peine arrivé depuis une dizaine de jours, il fut pris d'une violente dysenterie. Il dut perdre un mois à discuter, à insister, demandant, ou que l'on signât le traité, ou qu'on le laissât partir pour Kong. Enfin ses efforts aboutirent au résultat désiré, et le traité fut signé le 13 novembre 1888.

Voilà la première étape de la civilisation française dans le bassin du Haut Niger par les routes du Golfe de Guinée. *LA ROUTE VERS KONG ÉTAIT DÉSORMAIS OUVERTE A LA FRANCE.*

Treich-Laplène, en envoyant à M. Verdier une copie du traité accompagnée de son journal, dit :

Vous y trouverez les détails de toute cette affaire qui, si le Gouvernement veut bien lui donner son assentiment, sera *la consécration d'un nouvel empire français africain, bientôt aussi important que celui du Gabon et du Congo.*

Si le Gouvernement peut et veut s'y intéresser un peu, la Côte d'Or française luttera vite contre le Gold Coast britannique, comme étendue de territoires et importance commerciale et politique. Si le vote des Chambres consacre le traité de Bondoukou comme celui de l'Indénié, la ligne du nord est désormais fermée aux Anglais, et *la jonction des possessions du Sénégal et du Haut Niger avec la Côte d'Ivoire est un fait imminent.**

Treich-Laplène, toutefois, ne parvenait toujours pas à obtenir de renseignements sur le sort de M. Binger. Un messager, envoyé à Kong pour

* Revue de Géographie. Juillet 1896, page 62.

prendre de ses nouvelles, rentra sans informations précises. Or, Adjimin refusait à Treich-Laplène la permission de partir pour Kong ; de plus, l'explorateur n'avait à son service qu'une équipe des plus médiocres, composée de gens sur le dévouement desquels, à part cinq ou six, il ne pouvait guère compter. Aussi avait-il à subir toutes sortes d'ennuis misérables de la part de ces nègres, et cela contribua pour beaucoup, sa doute, à le rendre malade. Presque épuisé, le jeune homme écrivit :

Avec toutes ces lenteurs imprévues, quand descendrai-je ? Si j'étais certain que M. Binger est rentré à Sigou-Sikoro, je n'irais certes pas jusqu'à Kong. J'ai été si malade à Bondoukou, et je suis encore si peu sûr de la suite, que je m'en tiendrais à la conclusion du traité du 13 novembre et que j'aviserais à rentrer ma maigre carcasse.

Mais quoi qu'il en soit, je ne puis pas, et ne veux pas, quoi qu'il puisse m'advenir, rentrer sans rapporter au moins un renseignement exact sur ce qu'est devenu M. Binger. Donc, à moins qu'Adjimin me fasse arrêter, ou que je succombe dans un vomissement de sang, j'irai à Kong.

Mon voyage a été et est bien rude à tous les points de vue ; sans la satisfaction que je viens d'avoir du traité conclu et qui me remonte un peu, je n'aurais pas résisté à la maladie, aux misères, et au chagrin.

Je crois que la crainte de me voir porter en terre avant d'avoir passé le traité, a été pour quelque chose dans la rapidité finale apportée par Adjimin à sa conclusion. A quelque chose malheur est bon !*

Et dans une lettre à sa mère il écrivait également:

Je ne sais si je pourrai guérir. Mais si je dois mou-

____

* Revue de Géographie, Juillet 1896. pages 64, 65.

rir, ce qui me console, c'est d'avoir pu placer sous le protectorat de la France ce vaste et riche territoire.*

Comme on le verra par la suite, ce jeune héros en mourut... pour le moment néanmois sa ténacité, sa volonté de fer, l'emporteront. Le peu de ce qu'il lui reste de forces physiques lui suffira pour ramener M. Binger, et mettre l'ordre dans l'administration de la nouvelle Colonie. Puis, ayant tout donné, ayant fait le suprême sacrifice, il pourra mourir en disant à sa Patrie : Mère ! j'ai fait mon devoir !

---

* Le Journal Illustré, 20 Avril 1890.

CHAPITRE IV

Binger et Treich-Laplène à Kong

Nous sommes arrivés au moment où Treich-Laplène a passé le traité d'alliance avec le roi du Bondoukou. Peu de jours après arriva le capitaine Lethbridge, qui avait été envoyé en mission par les Anglais. Dans le *Gold Coast Echo* du 3 décembre 1888, je lis : « The object of the Bondoukou mission is said to be to attempt to counteract and neutralise the efforts of the French who are reported to be rapidly advancing towards that direction. »* *Treich-Laplène avait donc raison de se presser... le capitaine anglais n'est arrivé qu'une semaine trop tard à Bondoukou !*

Il est aisé de voir que c'est cette activité prévoyante de Treich-Laplène qui, seule, a évité à M. Binger la faillite complète de tous ses projets. Ses propres exploits avant d'arriver à Bondoukou n'y étaient pour rien ; les derniers cinq cents ou six cents kilomètres avaient été parcourus à travers un territoire qui est aujourd'hui anglais ; et il n'est pas douteux que, sans le traité de Bondoukou, ce pays aussi fut devenu anglais. Donc, au point de vue politique, *c'est uniquement à Treich-Laplène que M. Binger doit le succès de son entreprise.*

Mais revenons à notre sommaire du voyage de Treich-Laplène. Par suite d'une série de vomis-

* L'objet de la mission du Bondoukou est, dit-on, d'essayer de contrecarrer et de neutraliser les efforts des Français qui, paraît-il, avancent rapidement dans cette direction.

sements de sang à Bondoukou, ses forces avaient été épuisées, et il avait été contraint de se faire transporter à Zaranou en hamac. Il devait y attendre la permission du roi pour continuer son voyage à Kong, car là seulement il était sûr de pouvoir être renseigné d'une façon précise sur le sort de M. Binger.

Après de longs délais, et bien malade, il réussit à obliger Adjimin à le laisser partir à la fin de novembre 1888.

« Luttant de finesse avec les chefs noirs, traitant avec eux, les couvrant de cadeaux pour obtenir le passage, n'hésitant pas à courir des risques sérieux quand il juge que l'heure est aux résolutions radicales, il est parvenu, à force de volonté, à vaincre toutes les difficultés. Ses porteurs et son escorte l'embarrassaient... il en a renvoyé la moitié et s'est allégé pour arriver au plus tôt dans ce mystérieux Kong. »*

A la rivière Comoë (Akba), il doit s'arrêter et envoyer demander aux chefs de Kong la permission de passer chez eux. Il apprend, par une caravane partie de Bondoukou, que M. Binger est arrivé dans cette ville, venant du pays de Mossi. Mais il n'y a ni lettre, ni autre confirmation de cette nouvelle, et le jeune homme ne peut rien faire qu'attendre. Le 17 décembre, il reçoit la permission des chefs de continuer sa route. Comme il vient d'Assinie, disent-ils, et que le roi de Bondoukou a passé un traité avec la France, on ne peut l'empêcher d'aller prendre des nouvelles de M. Binger. Il peut monter, et on a fait prévenir de sa venue tous les chefs des villages.

« Je me suis entretenu longuement avec deux des chefs de Kong, dit-il dans son journal (inédit), et ils

---

* Bulletin de la Société de Géographie. Marseille, Tome XIII, page 157.

semblent disposés à faire comme le Bondoukou. L'occasion est bonne ; il serait fâcheux de ne pas en profiter pour rendre le pays français à Kong comme au Bondoukou. J'ai écrit dans ce sens à M. Binger.

Je cite quelques passages de son journal pour montrer quel est, en effet, la part prise par Treich-Laplène dans le traité de Kong, que l'on considère généralement, et à tort, comme étant l'œuvre de M. Binger. Cette partie du journal n'a jamais été publiée, et c'est d'un manuscrit possédé par la famille Treich-Laplène que sont tirés ces quelques extraits :

A Kawaré, près de Kong, Treich-Laplène est reçu par trois chefs, auxquels il expose tout son voyage :

Ces trois chefs, dit-il, sont en réalité les premiers chefs du pays de Kong, ceux qui décident dans les grandes questions... Le soir nous tenons un long palabre durant lequel on me questionne longuement sur tout mon voyage et celui de M. Binger... Le lendemain, je dois recommencer toutes mes explications de la veille. Ma recherche de M. Binger, mon voyage au Bondoukou, mon voyage dans l'Indénié en 1887, tous ces points sont passés en revue minutieusement. Ces explications fournies à nouveau, on m'interroge sur la signature d'un traité. Longuement, et par l'exemple du pays d'Assinie, je leur explique ce qu'entraîne d'avantages pour eux un traité avec la France. Toutes mes explications fournies, quel n'est pas mon étonnement et ma satisfaction lorsqu'ils me disent que leur souhait est de prendre, eux aussi, le pavillon français. « Nous avons peur des Anglais, qui ont ruiné l'Ashantee, mais nous ne craignons pas les Français, qui depuis longtemps sont alliés d'Amatifou et d'Akasamadou, et qui viennent de s'allier avec Adjimin... »

Je réponds aux chefs que puisque tel est leur souhait,

je puis passer un traité avec eux et leur remettre le pavillon français. Nous passons la soirée à parlementer et le soir même l'accord est fait sur tous les points du traité que je me hâte de formuler. Bien tard encore je m'entretiens avec les chefs et leurs gens. Il est convenu que l'on décidera de tout le lendemain. La satisfaction me tient éveillé toute la nuit... Je n'en reviens pas de la chance inespérée qui se présente tout d'un coup à moi de planter le pavillon à Kong.

Le lendemain, 24 décembre 1888, le traité de Kawaré est signé et l'on hisse le pavillon français. Treich-Laplène reprend :

Tout le monde est satisfait, et l'on se retire vers les onze heures, contents de part et d'autre. Je n'en reviens pas encore de la réussite rapide et inattendue qui avance de beaucoup la jonction de nos possessions du Haut Niger et de la Côte d'Ivoire. Voilà un bon jalon de planté !

Treich-Laplène part de Kawaré le 25 décembre, et arrive à Kong le lendemain :

Dès le matin, je reçois la visite de Karamokho Oulé et d'une suite de chefs. Je fais avec eux la reprise du palabre de Kawaré. Je leur lis le traité dont *tous se déclarent satisfaits*. Ils y apposeront leurs signatures. Ils me demandent le pavillon que je remets à Karamokho Oulé, et on va le hisser sur l'une des places de Kong.

Ainsi donc, le 24 décembre 1888, Treich-Laplène passait avec les trois principaux chefs du pays de Kong, le traité de Kawaré, qui étendait le protectorat français sur la région de Kong. Le surlendemain, ce traité était accepté à Kong même, par les autres chefs. Par conséquent, le 26 décembre 1888, le traité de Kong était pratiquement parlant, un fait accompli, et M. Binger n'avait eu aucune part aux négociations. Ce traité, on le voit, est l'œuvre exclusive de Treich-Laplène, et seul, celui-ci était à même de remporter ce brillant succès diplomatique dans de telles conditions de rapidité. Il avait, en effet, pour lui : l'expérience, acquise au cours de ses deux expéditions ; l'appui moral (indispensable pour dissiper les défiances du noir) d'autres chefs, amis ou alliés de ceux avec qui il traitait ; enfin, avec la fermeté nécessaire qui en faisait véritablement un chef, ce don de persuasion, cette influence personnelle, qui sont l'apanage des âmes d'élite, cette loyauté, cette délicatesse de sentiments qui provoquent la sympathie et la confiance, et ouvrent le chemin des cœurs les plus fermés.

Mais le 29 décembre, Treich-Laplène reçoit une lettre de M. Binger, lui disant qu'il arrive le rejoindre à Kong. C'était la première nouvelle précise qu'il avait reçue. M. Binger était arrivé à Bondoukou quelques jours après le départ de Treich-Laplène. Il venait de l'Est, par Salaga et Kintampo (pays incorporé depuis dans la colonie anglaise de la Côte d'Or). A Bondoukou il est logé dans la même case que vient de quitter Treich-Laplène, et il apprend la nouvelle du départ de celui-ci pour Kong.

Binger lui-même, arrivant dans ce pays malsain de Bondoukou, fut pris d'un fort accès bilieux ; aussi se hâta-t-il de partir pour Zaranou, endroit plus sain, où il fut reçu par le roi Adjimin et mis au courant du traité passé par Treich-Laplène avec le Bondoukou. Il prend la route de Kong ; son état est alors piteux ; il n'a plus de cheval, sa santé est ébranlée par son court séjour à Bondoukou, et c'est à peine s'il peut continuer sa marche. Mais sa planche de salut est à Kong. Il lui faut le convoi de ravitaillement, sans quoi il est perdu. Il s'efforce donc de continuer la route, et grâce à un cheval envoyé au-devant de lui par Treich-Laplène, il arrive à Kong le 5 janvier 1889 ; la rencontre des deux explorateurs est enfin opérée.

Lors de sa première visite à Kong, dix mois auparavant, M. Binger avait essayé d'y faire signer un traité ; il avait dû y renoncer à cause de « l'hostilité marquée de certaines gens ». Comme nous l'avons vu, Treich-Laplène avait, lui, déjà réussi. Non seulement à Kawaré, mais aussi à Kong, on avait promis d'accepter le protectorat de la France sans la moindre objection, *en considération des alliances déjà faites* avec les pays du Sud, et sans doute aussi, grâce à l'influence partout exercée par la personnalité de Treich-Laplène. Pourtant, ayant appris la prochaine arrivée de son compatriote, Treich-Laplène, guidé par un sentiment de délicatesse, refusa de signer le traité de Kong qu'il avait préparé, réservant cet honneur à M. Binger.

Voici, à cet égard, quelques paroles prononcés par le Colonel Monteil lors de l'inauguration de la statue élevée à Treich-Laplène à Ussel. (*Le Petit Colonial*, 1er mai 1896) :

Le 26 décembre 1888, l'explorateur (Treich-Laplène) parvint à Kong, où il fut bien accueilli par toute la population, grâce à sa nature d'élite qui attirait de suite toutes les sympathies. Il eut la grande joie d'établir les traités proposés par la France, et cependant, toujours modeste, il laissa les honneurs de la signature à M. Binger, qui venait lui-même d'atteindre Kong.*

Le sentiment de modestie chevaleresque, inné chez Treich-Laplène et qui lui inspirait cet acte de courtoisie envers M. Binger, semble avoir été sinon incompris, du moins négligé ; il ne paraît nulle part

* Voir aussi La Revue de Géographie, Juillet 1895 p. 50.

que le jeune explorateur en ait été même remercié. Mais lui sans doute, Français au plus profond de son âme, croyait que la seule chose importante était la conclusion du traité de la France avec ce pays, dont l'acquisition acheva de relier à la Côte d'Ivoire les possessions françaises du Haut Niger.

Je remets au prochain chapitre les détails de la descente de Kong à Grand Bassam, descente qui devait être pénible à l'extrême pour les deux explorateurs.

CHAPITRE V

La descente de Kong

Après la conclusion du traité de Kong, préparé
par Treich-Laplène et signé par Binger, les deux
explorateurs partent ensemble, le 21 janvier 1889,
dans la direction de Grand Bassam. Ils prennent
une route différente de celle que Treich-Laplène
avait frayé, afin d'entrer en relations avec les chefs
des pays situés le long de la Comoé, rivière qui
coule dans la direction sud jusqu'à la Côte, qu'elle
atteint à Grand Bassam même.

Pendant ce voyage M. Binger tomba grièvement
malade. Dans son rapport au Sous-Secrétaire
d'Etat, M. Treich-Laplène écrivit :

Durant son séjour à Aouabou, le capitaine était
tombé malade, pris de fièvres violentes. Bientôt il lui
était impossible de marcher, une hernie commençant à
se déclarer dans l'aine. Force fut de le transporter en
hamac... Il nous fallait renoncer à l'exploration de
Baoulé, du Morénou, et de l'Attié, pays inconnus
situés au sud de l'Anno... Après des difficultés et des
ennuis de toute nature pour redescendre la Comoé,
nous avons fini par gagner Bettié. Plusieurs fois j'avais
presque désespéré de ramener le capitaine, dont l'état
allait s'empirant chaque jour.*

Binger lui-même dit dans son livre (II, page 252):

Février 21. — Il m'est impossible de continuer ma
route, mon mal ne fait qu'empirer. La grosseur dont je

* Revue de Géographie, Août 1896, page 148.

suis affligé... m'occasionne une fièvre très intense qui me fait délirer... Ce brave Treich me force à rester couché.

Treich-Laplène donna son hamac à Binger, et engagea des hommes pour le porter. Cependant, même effectuées dans ces conditions, les étapes étaient encore extrêmement pénibles pour le capitaine, qui écrit le 26 février :

Hélas ! j'étais bien bas. Ce brave Treich m'a avoué depuis que plus d'une fois il s'était relevé la nuit pour sentir si mon cœur battait encore. (page 256).

Mars 2. — Je souffre encore beaucoup, et ce brave Treich est sur les dents ; tout le service repose sur lui : réveil, organisation du convoi, ravitaillement, etc. ; mon mal ne me permet de m'occuper que du journal de marche et des levées.

Mais si le voyage était pénible pour M. Binger, qui n'avait qu'à se laisser porter, il est permis de penser qu'il ne l'était pas moins pour Treich qui, lui, allait à pied et devait s'occuper de tout, ne prenant même pas le temps de dormir. Cependant il ne se plaint pas !

Mars 3. — Hélas ! mon mal me donne une fièvre qui me fait délirer, malgré la quinine préventive. Agité toute la nuit, non seulement je ne puis reposer, mais encore ce bon Treich ne ferme pas l'œil, prévenant mon moindre désir, et me demandant chaque fois que je me retourne un peu brusquement si j'ai besoin de quelque chose.

Telles sont les conditions dans lesquelles fut exécutée la plus grande partie de la descente de Kong à Grand Bassam. Je demande ce que serait devenu M. Binger sans Treich-Laplène, qui, miné par la maladie et de plus en plus affaibli, s'oubliait, pensant seulement au devoir qu'il s'était imposé : ramener le capitaine à la côte. Je demande qui faisait cette exploration-là : celui qui, malade, en proie au délire et à deux doigts de la mort, se laissait porter au hamac; ou cet autre, chef des deux plus importantes expéditions françaises, ayant jusqu'alors été effectuées dans l'intérieur de cette Colonie, qui, jour et nuit, avait la responsabilité entière des convois, assurait seul tous les services, assumait toutes les charges?

La réponse n'est pas douteuse. Et, cependant, c'est le nom seul de Binger qui figure sur les traités passés au cours de ce voyage de retour. Il est bien évident que l'état de santé du capitaine le mettait dans l'impossibilité de travailler à la préparation de traités. Fort heureusement, il pouvait en toute confiance se reposer sur son compagnon ; c'est celui-ci qui s'occupait du tout, qui veillait à tout, préparant la route, assurant le ravitaillement, aplanissant les difficultés, palabrant avec les chefs, etc. Mais il fut seulement à la peine et se montra à la fois trop modeste et trop fier pour réclamer l'honneur que Binger aurait dû lui offrir, d'être considéré, dans la conclusion des traités, au moins comme un égal, et non comme un simple témoin.

Enfin, on arrive à Bettié, dont le chef-roi, Benié Quamié, ami personnel de Treich-Laplène, est allié à la France. Il favorise leur descente sur Grand Bassam, où nos voyageurs arrivent le 20 Mars 1889.

La tension nerveuse ayant cessé, notez l'effet produit sur les deux voyageurs. Pour n'être pas accusé de parti-pris, je cite le propre livre de M. Binger :

Délivré de tout souci, heureux d'avoir accompli consciensement ma mission, je ne tardai pas à reprendre rapidement des forces. Mon mal dans l'aine disparut comme par enchantement. (Vol. 11, p. 307).

Comparez à la situation de M. Binger celle de Treich-Laplène, dont l'état s'aggrave tout à coup :

Ce brave Treich malheureusement n'eut pas la satisfaction de toaster avec nous; une heure après notre rentrée à la factorerie il avait dû s'aliter, pris par un violent accès de fièvre bilieuse hématurique qui mettait sa vie sérieusement en danger. Pendant huit jours mon pauvre ami était entre la vie et la mort... (Vol. 11, p. 339).

On l'embarque pour la France.

...Treich était dans un tel état de faiblesse que l'on le hissa à bord à l'aide d'un tonneau, sans qu'il eût connaissance de son embarquement. En arrivant à bord, nous avions bien piteuse mine :: mon compagnon était à moitié mort, et mon costume n'était pas brillant. (Vol. 11, p. 340).

Heureusement après quelques jours Treich-Laplène se trouva mieux, mais la grande faiblesse s'étant portée sur la vue, il devint presque complètement aveugle. Ce ne fut qu'après un mois, environ, de séjour à Paris qu'il recouvra peu à peu la vue.

C'était pour la dernière fois qu'il revoyait la France et les siens. *

---

* Il rapportait aux Sociétés de Géographie et de Topographie dont il était membre, des cartes et des tracés du plus grand intérêt sur les regions qu'il avait traversées, et des travaux concernant l'enseignement supérieur, qui lui valurent un diplôme d'honneur à l'Exposition Universelle avec la médaille du Mérite Agricole.

De cette deuxième expédition de Treich-Laplène, il résulta que tout le pays du bassin de la Comoé, maintenant incorporé dans la Colonie française, fut acquis par la France au moment décisif, et ces vastes et riches territoires se trouvaient désormais ouverts à la civilisation, à l'activité, et au commerce français. Le protectorat de la France dans l'intérieur de la Côte d'Ivoire était établi.

Treich-Laplène fut nommé Chevalier de la Légion d'Honneur en même temps que Binger, mais ce fut Treich-Laplène qui fut nommé Résident Général de France et Administrateur de la nouvelle Colonie, dont Grand Bassam était la capitale.

Au bout d'un très court séjour en France, après sa nomination de Résident, il apprit la révolte de la turbulente tribu des Jacks-Jacks, et crut de son devoir de partir immédiatement, bien que son état de santé laissât encore beaucoup à désirer, et malgré les conseils de son médecin.

Il réussit à réprimer le mouvement, mais dans cette dernière expédition il reprit la fièvre terrible qui l'avait déjà tant éprouvé, et cette fois, ce fut la fin.

Il résistait à l'approche de la mort, il travaillait sans cesse, poursuivant sa tâche avec une volonté de fer.

Nous lisons en outre dans « Le Revue de Géographie » (juillet 1895) : « M. Marcel Treich-Laplène, avant de partir pour son dernier voyage (6 octobre 1889), nous avait communiqué des notes considérables, non complètement rédigées encore, sur ses explorations. Je les lui remis le jour même de son départ. Nous l'engagions à y mettre la dernière main. Que sont-elles devenues ? Nous n'en avons plus entendu parler   Ludovic DRAPEYRON. »

Son secrétaire et ami, M. Bricard, relatant sa fin, devait écrire plus tard :

Debout avec le jour, quand sonnaient les cloches des factoreries, il travaillait, n'ayant plus de souffle, n'ayant plus de voix, s'appuyant à mon épaule pour aller de son lit à sa table de travail, et restant là, cloué, dirigeant tout, écrivant seul, organisant les choses avec cette sagesse, mais aussi avec cette hâte douloureuse, cette activité faite de fièvre, que lui donnait la perspective de sa mort prochaine.

Cependant sa maladie empirait. Il se décide à partir pour Dakar, avec l'intention de se rendre de là aux Canaries où il comptait séjourner quelque temps. Il s'embarque (9 mars 1890) sur le paquebot « La Ville de Macéio », mais c'était pour mourir au bout de quelques heures dans le port même de Grand Bassam.

Le soir il eut une crise de toux. Le Docteur Péan lui appliqua des sinapismes, mais Treich-Laplène lui dit :

« Docteur, c'est la fin.»...

Puis un silence ; puis :

« Pardon, mon Dieu... pardon... Ma mère, ma sœur ! » Puis sa bouche continua quelques sons inarticulés ; puis rien !

« Messieurs, dit le Docteur, c'est une belle mort ! Ce jeune homme est mort debout !... Je voudrais mourir ainsi ! ''

. . . .

Je passe sous silence les honneurs rendus au jeune Résident. Il suffit de dire que toute la population prit le deuil de cette mort. Le meilleur ami de la Côte n'était plus. Le Docteur Péan, devenu d'office représentant de la France, prononça le discours funèbre, au cours duquel il dit :

Qu'il emporte du moins avec lui la certitude que la belle ligne de conduite qu'il s'était tracée sera suivie par ses successeurs, et qu'il n'ignore pas que nous ne prononcerons jamais son nom sans y ajouter respectueusement le titre de

FONDATEUR DES ETABLISSEMENTS DE LA COTE D'OR.

Treich-Laplène, après s'être donné tant de mal, avait atteint le but de sa vie. *Une colonie était fondée de toutes pièces* par ses efforts d'énergie.

Le Gouvernement fit ramener ses restes en France, à Ussel, où ses funérailles furent célébrées au milieu d'un grand concours de population. Plus tard, une statue fut élevée à sa mémoire dans sa ville natale.

Malheureusement, lui une fois disparu, la plupart de ses papiers restèrent dans ses cartons, inédits. Il n'y avait personne pour les publier et mettre en évidence son droit au titre de Fondateur de la Colonie. Mais qui aurait songé que ce titre lui serait jamais contesté ?

Il ne faudrait cependant pas s'imaginer que les preuves et les documents font défaut pour permettre de rétablir la vérité, et de garantir à la mémoire de Treich-Laplène la possession d'un titre si chèrement conquis.

Rouard de Card, écrivant au sujet de la convention franco-anglaise de 1891, dit :

Les Anglais invoquaient un traité de protectorat passé par le Capt. Lonsdale le 30 juillet 1887. Les Français invoquaient les traités de protectorat conclus par l'explorateur Treich-Laplène en 1888.

Et encore :

En somme, l'arrangement de 1891 nous assurait le Bettié, l'Indénié, le Bondoukou, le Djimini, avec lesquels des traités de protectorat avaient été conclus par Treich-Laplène. *

Or, ces pays-là sont le noyau autour duquel a été formé si facilement la Colonie actuelle. Ce n'était donc pas sur l'exploration Binger qu'on s'appuyait dans ces négociations, mais sur celles de Treich-Laplène.

C'est ainsi que Louis de Nussac envisageait les choses quand il écrivit de lui :

Cette célébrité . . . qui, à vingt-neuf ans, avait créé la Colonie de la Côte d'Ivoire, retrouvé Binger à Kong, donné de vastes protectorats à la France, avant de mourir héroïquement sur le théâtre de son œuvre. **

* « Les Territoires Africains », p. 58. Voir aussi Herts-lett « Map of Africa by Treaty », Vol. I, page 398, et « Rev. Encyclop », 15 juin 1895, p. 231.

** « Le Limouzi », août 1897.

CHAPITRE VI

Palmam qui meruit ferat

Au cours de ce dernier chapitre je voudrais montrer, par des citations puisées dans certains ouvrages à l'ordre du jour, comment l'œuvre de Treich-Laplène a été oubliée ou défigurée. Je voudrais faire ressortir l'ignorance de certains auteurs qui passent systématiquement sous silence les exploits du jeune héros corrézien. A les lire, on dirait vraiment qu'il n'y a jamais eu à la Côte d'Ivoire qu'un seul explorateur, M. Binger.

Je dois à la vérité de citer d'abord les écrits où Treich-Laplène est considéré à l'égal du capitaine, en ce qui concerne la Colonie.

On lit, dans le rapport du 12 mars 1890 présenté par le Ministre des Affaires Étrangères au Président de la République, en soumettant à celui-ci l'accord conclu entre la France et l'Angleterre :

L'arrangement nous garantit la possession des pays liés à nous par des traités, et notamment les États de Kong, de Djimini, etc., où le capitaine Binger et M. Treich-Laplène ont planté le drapeau français.

Ainsi, en est-il également dans le volume de M. Petit (*Organisation des Colonies Françaises*) :

Les traités signés par Binger et par Treich-Laplène ont établi notre protectorat sur ces vastes territoires d'un avenir considérable, et dont on ne soupçonnait guère l'importance avant leurs explorations.

Mais, de l'examen des faits, il ressort que les seuls

traités passés pendant tout le cours de l'expédition Binger ont été ceux qu'il a signés dans les pays conquis à la France par Tréich-Laplène. Le remarquable voyage accompli par M. Binger du Sénégal dans le Soudan lui valut l'admiration de toute l'Europe, mais nous parlons ici de la fondation de la Colonie de la Côte d'Ivoire, et non du Soudan. Les centaines de kilomètres qu'il a couverts dans le pays *à l'est* de Bondoukou, n'ont été d'aucune valeur *coloniale*, car tout ce pays est maintenant anglais, comme d'ailleurs l'aurait été le Bondoukou si Treich-Laplène n'avait sacrifié sa santé pour l'assurer à la France. A Kong même, où M. Binger avait échoué, Treich-Laplène réussit à faire accepter le drapeau français ; et pendans le long et pénible trajet de Kong à la Côte, ce fut Treich-Laplène qui s'occupa de tout, assurant la marche de l'expédition et prodiguant ses soins à M. Binger qu'il finit par arracher à la mort.

Eh bien, tout cela étant su, avéré, reconnu, comment M. Binger a-t-il pu prendre à son compte l'affirmation ci-dessous des auteurs de *Notre Colonie de la Côte d'Ivoire*, car cet ouvrage a reçu l'approbation de M. Binger, puisque celui-ci s'est chargé de le présenter au public par une préface où il recommande comme le *vade mecum* de tous ceux qui veulent savoir la vérité.

Ce jeune officier (M. Binger). avait fait bien des découvertes, entre autres celle de la richesse du Bassin de la Comoé, où il avait établi notre suprématie comme MM. Bretignière, Chaper, et Treich-Laplène l'avaient fortifiée dans le Sanwi. *

Or, le Sanwi est une toute petite contrée près de la Côte !

---

* *Notre Colonie de la Côte d'Ivoire*, page 17. MM. Villaumur et Richard.

Nous avons vu (chapitre II, pages 13 et 15), que Treich-Laplène avait passé des traités avec les chefs de la Comoé deux ans avant l'arrivée du capitaine Binger dans ces régions, et, de plus, que pendant une grande partie de cette descente de la Comoé, le capitaine Binger avait été porté en hamac presque sans connaissance. Qu'il ait pu oublier tout cela et permettre qu'on dise que c'est lui seul qui avait établi la suprématie de la France dans cette région, voilà ce qui est incroyable !

Toujours est-il que, parlant de ce livre, M. Binger a pu dire :

Il résume à lui seul l'ensemble des connaissances désirables en la matière et il évitera au lecteur de se rapporter aux divers écrits où sont traités plus ou moins complètement les multiples questions abordées par les auteurs ! !

Je m'abstiens de tout commentaire. J'aime mieux supposer que M. Binger, ayant trop rapidement pris connaissance du manuscrit, n'a pas remarqué le passage erroné que nous avons signalé.

Est-ce que le capitaine d'Ollone s'est servi de ce livre quand il a écrit dans son volume *De la Côte d'Ivoire au Soudan* :

Je passe sur les tentatives isolées et sans aucun résultat, qui ont précédé 1889... (App. 1).

C'est ainsi qu'il passe sous silence la première exploration de Treich-Laplène en 1887, exploration qui acheva de fixer la frontière Est de la Colonie contre les agissements du seul pouvoir dont la concurrence était à craindre !

Bonneau, en parlant de la descente de la Comoé des deux explorateurs, Binger et Treich-Laplène, dit :

La Descente de Kong à la Côte, qui serait comme la troisième phase de l'Exploration Binger, est la seule qui doive nous occuper ici comme se rattachant directement à la colonie. *

Donc les deux tiers de cette fameuse exploration de Binger n'ont pas de rapport avec la Colonie de la Côte d'Ivoire ! Pourquoi donc l'auteur ne l'appelle-t-il pas « la deuxième phase de l'exploration Treich-Laplène » ? N'est-ce pas *la montée* vers Kong qui fut le point capital ? N'est-ce pas pendant le voyage de la Côte à Kong (voyage que M. Binger lui-même n'osa pas faire), que furent signés par Treich-Laplène seul les principaux traités de protectorat ?

Je passe sur les articles erronés que j'ai remarqués dans certains journaux, comme par exemple *Le Temps* qui, le 11 septembre 1893, dit en parlant de Bondoukou :

Ce grand centre commercial avec les chefs duquel le capitaine Binger a conclu en 1888 un traité de protectorat !

Les journalistes ne sont pas infaillibles, mais ils devraient être circonspects et, quand ils fournissent des renseignements, se bien assurer au préalable qu'ils sont exacts.

C'est sans doute pour avoir manqué de cette circonspection que la Société de Géographie commerciale de Paris a pu, dans son bulletin, tome 12, page 246, écrire :

Les traités signés par M. Binger avec les chefs de Kong et de Bondoukou (!) lui donnaient la patriotique espérance que nos établissements du Haut Niger seraient reliés de la sorte avec ceux de la Côte.

Après cela, il n'est pas étonnant de constater que les encyclopédies, comme le Larousse, ou l'Encyclopedia Britannica, ne mentionnent même pas

* La Côte d'Ivoire, page 43.

le nom de Treich-Laplène dans les articles consacrés à la Côte d'Ivoire. A en croire les auteurs de ces études, il n'y a que M. Binger qui ait fait quoi que ce soit pour la Colonie.

On lit dans le Nouveau Larousse (Art. Histoire, Côte d'Ivoire) :

L'année 1889 fut la véritable date de la fondation de la Colonie. Le mémorable voyage exécuté par le capitaine Binger de 1887-89, démontra l'importance des comptoirs français de la Côte d'Ivoire.

L'Encyclopedia Britannica (Art. Ivory Coast) déclare :

Between 1887 and 1889, Capt. Binger traversed the whole region between the Coast and the Niger, visited Bondoukou and the Kong Country, and signed treaties with the chiefs. *

Pas un mot dans ces deux articles sur Treich-Laplène ! Cette lacune est due, sans doute, à l'influence du livre de MM. Villaumur et Richard.

Larousse dit bien que l'année 1889 fut la véritable date de la fondation de la Colonie. Or, c'est là, on le sait, la date de la deuxième exploration de Treich-Laplène, de sa rencontre avec Binger, et de sa nomination comme Résident Général de la France à la Côte. Il est vrai que la colonie ne fut organisée telle que nous la connaissons aujourd'hui qu'en 1893 seulement, et que M. Binger en fut alors nommé le premier Gouverneur. Mais à l'époque où fut décidé le sort de la Colonie, c'est-à-dire entre les années 1887 et 1889, la gloire de M. Binger ne venait pas de ce qu'il avait fait à la Côte d'Ivoire,

---

* Entre 1887 et 1889, le capitaine Binger traversa toute la région située entre la Côte et le Niger, visita Bondoukou et le pays de Kong, et signa des traités de protectorat avec les chefs.

car il n'y avait presque rien fait ; elle reposait uniquement sur son exploration des vastes territoires du Soudan au nord et nord-est de la Colonie. Après la fondation de la colonie il a pu contribuer à son développement, mais dire qu'il en est le fondateur, ou le premier explorateur c'est faire preuve d'une ignorance inexplicable.

Cependant, même après une série d'inexactitudes de ce genre, il n'est pas aisé de comprendre comment M. Pierre Mille, qui était Commissaire de la Colonie, et aurait dû, par suite, connaître son histoire, ait pu dire à propos de Bingerville :

La conséquence de l'ouverture du port c'est la création d'une ville qui sera appellée Bingerville, pour rendre hommage au premier explorateur de la Colonie.

Comment pareille énormité a-t-elle pu être émise par un personnage officiel ?

On reste stupéfait en présence d'une telle inexactitude.

M. Binger n'a jamais démenti cette erreur flagrante, qui continue à se répandre, et est devenue pour beaucoup un article de foi : « Bingerville, » capitale de la Côte d'Ivoire, ainsi nommé pour » rendre hommage au premier explorateur de la » Colonie ».

Si l'on exalte ainsi celui qui administra le territoire et le parcourut *après* que d'autres lui eurent frayé les voies, quels honneurs ne doit on pas réserver au véritable fondateur, à Treich-Laplène ?

Dans le but de faire connaître aux générations futures la vérité, un peu oubliée par la génération contemporaine, la demande a été faite que l'on érigeât officiellement à la Côte d'Ivoire, sur l'emplacement de la tombe de ce héros, un modeste bloc de granit, portant, gravés au bas d'une croix, ces simples mots :

A la mémoire de
MARCEL TREICH-LAPLENE,
Fondateur
des Etablissements de la Côte d'Ivoire.

La demande d'une tombe en marbre fut faite au ministère lors de son décès — voir lettre de M. Bricard, à l'appendice, p. 58 - 64, qui ajoute : « Le nouveau résident, s'il en vient un, s'en occupera très certainement.»

Or, non seulement il n'y a pas encore de monument à la Côte, mais, comme nous l'avons vu, dans les livres consacrés à l'histoire de la Colonie, on semble vouloir jeter le voile de l'oubli sur l'œuvre et sur le nom même de Treich-Laplène. On peut nous dire sans doute que M. Treich-Laplène a gardé à la Côte d'Ivoire sa place d'honneur dans le souvenir de tous ceux qui connaissent l'histoire de la Colonie. Son nom a été donné, il est vrai, au principal boulevard de Grand Bassam. Mais lorsqu'on voit imprimer des ouvrages tels que celui de MM. Villaumur et Richard, ou celui de M. P. Mille (cités plus haut), lorsqu'on constate que le nom de Bingerville se trouve inscrit en gros caractères sur toutes les cartes, alors que celui de Treich-Laplène n'y figure même pas, il est aisé de prévoir que les résultats acquis par le véritable Fondateur de la Colonie, mort et par conséquent silencieux, seront bientôt complètement méconnus. Déjà l'histoire est travestie, la place d'honneur est usurpée par les ouvriers de la onzième heure, arrivés alors que l'œuvre fondamentale dont ils s'attribuent le mérite était un fait accompli.

Cette brochure est écrite dans le but de faire sortir de cet amas d'erreurs la simple vérité en ce qui concerne la part prise par Treich-Laplène dans l'expansion coloniale de la France.

L'histoire définitive n'est pas encore écrite. Ceux qui chérissent la mémoire du jeune et courageux explorateur, ceux qui connaissent la vérité, sauront la proclamer assez haut pour qu'elle soit entendue de tous. A ce propos nous renvoyons le lecteur à la lettre du Colonel Monteil, reproduite à la page 69. Ce témoignage éclatant d'un homme qui fut non seulement un grand voyageur, d'une compétence indiscutable, mais aussi l'un des plus célèbres explorateurs que la France ait jamais produits, suffit pour maintenir les amis de Treich-Laplène dans leur espoir que tôt ou tard l'heure de sa récompense sonnera — et même que cette heure approche. Il y a quinze ans que M. Raoul Charbonnel écrivait déjà de lui :

> Gloire à toi, Marcel Treich-Laplène,
> Nous garderons ton nom vainqueur.
> Héros mort en terre lointaine,
> Tu survivras dans notre cœur.
> Ton souvenir est un exemple,
> La postérité te contemple
> Et la gloire vient te bénir ;
> Toi qui semas, plein d'espérance,
> A l'ombre du drapeau de France,
> Pour les moissons de l'avenir.
>
> .   .   .   .   .
>
> C'est dans cette aurore prochaine,
> Que la vieille terre africaine
> Reconnaissante, saluera
> Ton nom, martyr des causes justes,
> En couvrant de palmes augustes
> Ta mémoire qui grandira.

Il ne me reste plus qu'à conclure. Je le ferai brièvement, en limitant tout d'abord le débat.

Je ne prétends pas que Marcel Treich-Laplène soit celui des explorateurs africains qui ait accompli les plus longs voyages en pays inconnus, ni celui qui ait rapporté de ses expéditions le plus de renseignements utiles sur les coutumes des indigènes, leurs mœurs, leurs langues, etc. (Il ne faut pas oublier que Treich-Laplène est mort à 29 ans !) Ce que je revendique uniquement pour lui c'est le titre, qui lui fut d'ailleurs décerné officiellement, de FONDATEUR DE LA COLONIE DE LA COTE D'IVOIRE, et c'est seulement de son rôle dans la fondation de cette Colonie que j'ai à m'occuper ici.

Les faits que j'ai rappelés, et dont l'authenticité est indiscutable, les témoignages que j'ai invoqués, les traités que j'ai cités, établissent nettement aux yeux de tout lecteur impartial :

1° Que Treich-Laplène a été le premier à signaler le danger d'encerclement auquel se sont trouvés exposés les établissements français de la Côte lorsque les Anglais songèrent à s'installer dans l'Hinterland, et par ce moyen a étouffer la colonie naissante ;

2° Qu'il a, par une action rapide et hardie, assuré à son pays la possession de tous ces pays de l'intérieur, devançant les entreprises anglaises, et fondant ainsi la Colonie, qui a, depuis, atteint une étendue aussi grande que celle de la France.

3 Qu'il a, de concert avec M. Verdier, fourni à M. Binger les moyens matériels et moraux de mener à bonne fin son expédition de 1887-89, au moment où M. Binger était, lui, hors d'état de connaître l'imminence du danger que courait la Colonie de devenir anglaise ;

4° Que ce jeune homme « de qui l'on pouvait tant attendre », paya de sa vie (au moment même où il allait si légitimement récolter le fruit de ses efforts), l'accomplissement du devoir qu'il s'était imposé de ramener M. Binger.

Une injustice flagrante a été commise envers un héros disparu, fondateur d'une des plus riches colonies françaises.

Je ne saurais croire que la France puisse se montrer ingrate, et, en présence de tant d'erreurs publiées, refuser de proclamer officiellement la vérité, et rendre à un de ses meilleurs fils la justice qui lui est due.

FIN

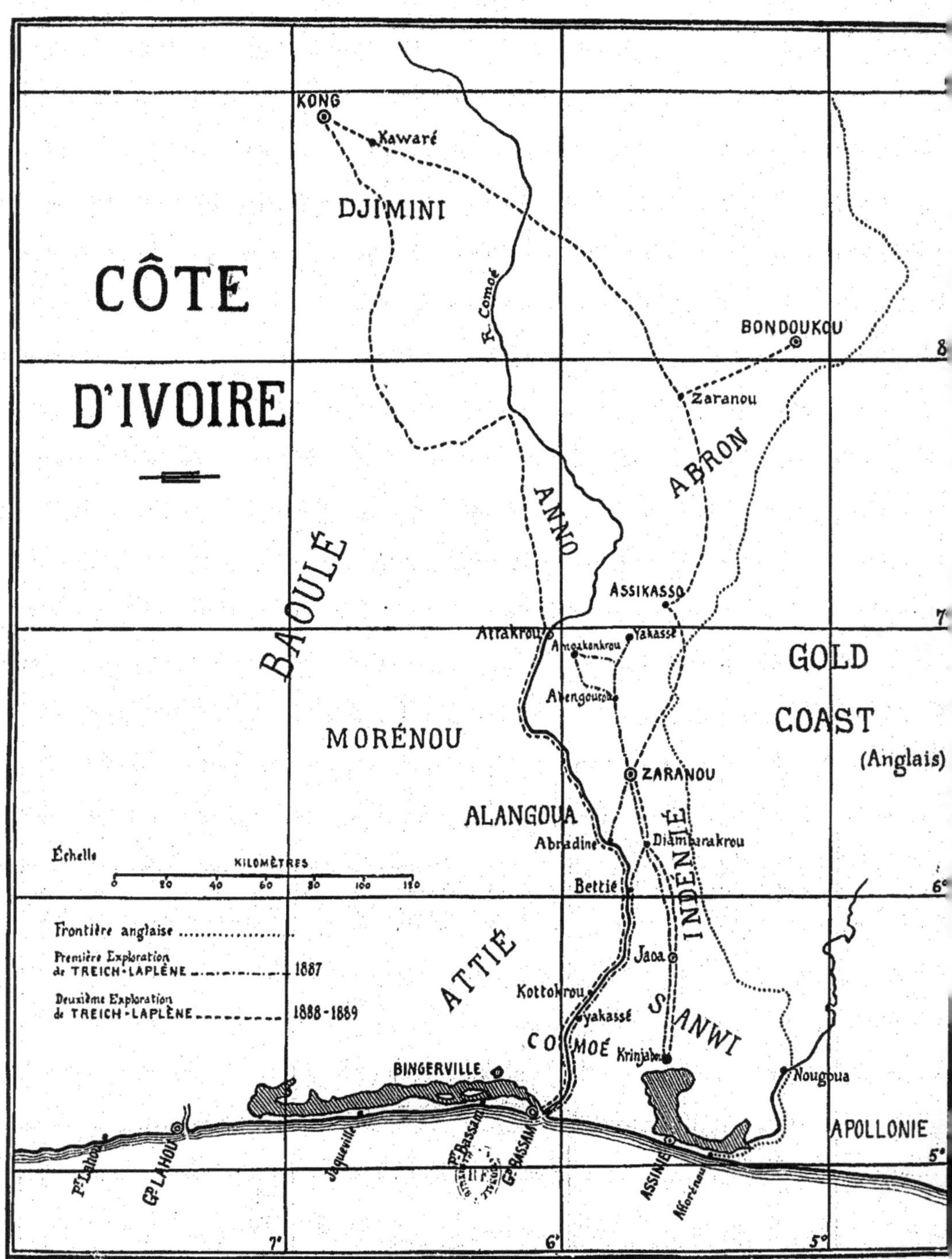

CÔTE
D'IVOIRE
KONG
Kawaré
DJIMINI
R. Comoé
BONDOUKOU
Zaranou
ANNO
ABRON
BAOULE
ASSIKASSO
Attakrou
Amoakonkrou
Yakassé
GOLD
Abengourou
COAST
(Anglais)
MORÉNOU
ZARANOU
ALANGOUA
INDÉNIÉ
Abradine
Diambarakrou
Échelle
KILOMÈTRES
Bettié
20   40   60   80   100   120
Frontière anglaise
Première Exploration
de TREICH-LAPLÈNE
1887
Jaoa
ATTIÉ
Deuxième Exploration
de TREICH-LAPLÈNE
1888-1889
Kottokrou
SANWI
oyakassé
CO MOÉ
Krinjabou
Nougoua
BINGERVILLE
APOLLONIE
Jacqueville
Pt Bassam
Gd BASSAM
Pt LAHOU
Gd LAHOU
ASSINIE
Affotranou

APPENDICES

TRAITÉS

---

passés par M. Marcel Treich-Laplène

Bettié .... signé le   13 Mai   1887
Indénié ....   25 Juin 1887
Alangoua.................................   13 Juill. 1887
Yakassé..................................   21 Juill. 1887
Abron et Bondoukou.......................   13 Nov. 1888
Kawaré (Etats de Kong)...................   24 Déc. 1888

Ces traités, tous signés par Treich-Laplène au nom du gouvernement, donnaient à la France toute la région entre Kong et la Côte.

Les traités de Djimini et Anno, passés par les deux explorateurs au cours de la descente de Kong à Grand-Bassam, fortifient ceux déjà conclus par Treich-Laplène avec les pays situés sur la frontière Est de la Colonie. (Bettié, Indénié, Bondoukou, etc.)

Rapport de M. Marcel Treich-Laplène, Résident par délégation à Assinie, sur la situation politique et commerciale du pays en 1887. *

Kinjaboo, 5 avril 1887.

Dans deux lettres des 9 et 10 mars dernier à M. le lieutenant-gouverneur du Sénégal et dépendances, j'exposais rapidement l'ensemble de la situation d'Assinie. Je dois insister plus longuement aujourd'hui sur l'état des choses qui s'empire de jour en jour.

La dispute Aby-Biettry dure toujours pour la raison que j'en ai donnée ; c'est que ce n'est point un simple différend d'indigènes, mais des troubles fomentés en sous main et toujours entretenus par la politique anglaise, qui cherche à ruiner les entreprises agricoles françaises comme elle travaille à tuer le commerce de la colonie.

Akasamadou agite son impuissance au milieu de tout cela.

Rien ne laisse espérer qu'il arrive à une solution bien catégorique sur cette question où, je le répète, les intérêts agricoles sont menacés dans leur existence.

Je dis dans mes lettres qu'il y a un redoublement de politique anglaise dans le pays.

A l'heure actuelle ce n'est plus seulement dans le pays qu'on travaille ; c'est dans l'intérieur qu'on cherche à séquestrer la colonie.

Depuis quelques jours, il n'est bruit que de l'invasion des

* Ce rapport, adressé à M. Verdier, a été publié par celui-ci dans l'ouvrage intitulé « Trente-cinq années de lutte aux colonies », (v. p. 141).

Anglais, qui ont serré et avancé leurs lignes de douanes à l'intérieur, de façon à couper les routes sur le pays d'Assinie.

Les peuples de l'Abron et du Bondoukou, qui jusqu'à présent ont décliné les propositions du protectorat anglais, sont bloqués ; il faut ou qu'ils passent par la voie du Cape Coast, ou qu'ils cessent de se ravitailler.

Et pour donner le dernier coup à notre colonie il est bruit que le gouvernement de Cape Coast vient de réduire les tarifs douaniers, de façon à allécher par une concession feinte ou momentanée les tribus à l'intérieur et à les amener à accepter le protectorat anglais.

Désormais c'en est fait de la Colonie, son avenir politique et commercial est ruiné.

Cette porte du centre africain, dont depuis vingt ans les Anglais veulent prendre la clef, restera close pour les Français, qui dès lors se trouveront enfermés dans une impasse.

Voilà la situation critique du moment ; il n'est que temps d'agir si l'on veut échapper au coup mortel que cherchent à nous porter les Anglais.

Tous les gens du pays d'Assinie sont émus de cette nouvelle, mais il est difficile d'agir sans une organisation, soit indigène soit française, ou mieux encore sans une entente du gouvernement français et du roi du pays d'Assinie.

Les indigènes prendront-ils l'initiative pour réagir ? Akasamadou, dont le pays est troublé et l'autorité peu ferme, ne fera probablement rien de lui-même.

Le gouvernement va-t-il s'émouvoir de cette question, qui demanderait si peu de dépenses et de frais ?

Tout est là ; encore faut-il qu'on active si l'on ne veut pas arriver trop tard.

C'est le sort de la Colonie qui se joue en ce moment.

Le gouvernement de Cape Coast, ému de la visite de

M. le Lieutenant Gouverneur à la Côte d'Or, informé par ses trop nombreux espions des faits et gestes de M. Bayol, de ses vues sur l'intérieur, tâche de le devancer dans l'œuvre capitale de cette occupation du centre intérieur.

Il n'y a plus d'hésitation possible : ou abandonner la colonie d'Assinie, ou organiser une expédition dans le but de s'assurer, par un traité, l'alliance des gens de l'Abron et du Bondoukou.

Depuis Atékora, oncle d'Amatifou, les gens de ce pays vivent en bons termes avec les gens du pays d'Assinie ; et c'est du reste grâce à cette amitié que les Abrons n'ont pas jusqu'à ce jour accepté l'alliance anglaise.

Il est certain qu'avec une somme relativement minime et sous l'égide du gouvernement français, on arriverait par l'intermédiaire du pays d'Assinie, dont c'est l'intérêt, à empêcher les Anglais de nous prendre ce point, un des plus stratégiques du centre ouest africain.

Il est indispensable, je le répète, que l'on agisse, et promptement si l'on ne veut pas se laisser enfermer politiquement et commercialement dans une impasse, et en être réduit à abandonner ou céder pour rien une colonie qui est encore la trouée centrale que les Anglais veulent toucher.

C'est la trouée qui donne accès à nos possessions africaines du Haut Niger et qui bat en brèche les possessions anglaises de la Côte d'Or et de l'Ashantee.

Le gouvernement semble peu intéressé, sinon tout à fait indifférent, à notre colonie d'Assinie.

Le peu de développement qu'elle a prise (suite forcée du long abandon dans lequel on l'a laissée), ne saurait rien enlever à l'importance réelle et indiscutable qu'elle a :

1º Par sa situation géographique qui nous laisse toute une ligne stratégique de colonisation sur l'intérieur ;

2º Par son voisinage avec le centre ouest-africain anglais, elle est une borne contre laquelle les Anglais se heurtent depuis longtemps, sans succès pour la franchir;

3° Par les résultats commerciaux et agricoles qu'elle a donnés et qui établissent que le succès est assuré dans ces deux branches si l'on veut prendre la peine de s'en occuper.

L'envie et l'acharnement que mettent les Anglais à vouloir prendre ou cerner cette colonie sont là pour confirmer l'exactitude et l'importance des points que je cite.

Hésitera-t-on alors, dans l'état actuel, à faire quelque chose pour une colonie qui depuis cinquante ans est notre fidèle alliée et qui, malgré son délaissement et tout ce que les Anglais ont pu faire, a conservé à la France un culte de fidèle amitié ?

En même temps que les intérêts commerciaux français, ceux de nos alliés du pays d'Assinie sont menacés.

Si l'on ne veut pas défendre les intérêts français, qu'on protège au moins ceux des gens qui nous sont liés par le protectorat.

Si ces considérations sont insuffisantes, peut-être se décidera-t-on à ne pas laisser aux Anglais la joie indescriptible de nous avoir ravi ce qui nous revenait de droit, de nous avoir enfermés chez nous, de nous avoir tués politiquement et commercialement, nous et nos alliés et protégés du pays d'Assinie.

Treich-Laplène.

EXTRAIT de la REVUE DE GÉOGRAPHIE
Juillet 1895

La lettre de M. Bricard, chef du secrétariat de la résidence de France à Grand Bassam, que nous donnons ici presque *in-extenso*, a retracé d'une façon singulièrement touchante et vraie, non seulement la mort, mais la vie de son compagnon et ami :

Assinie, le 12 juin 1890.

A Madame Treich-Laplène,

Madame,

C'est d'Assinie même que je vous écris, de ce coin de terre où Marcel a vécu ses plus belles années de jeunesse courageuse et vaillante, où son âme est restée toute entière, où son nom se retrouve sur toutes les lèvres ; je me sens ici plus libre et plus à moi pour me souvenir.

Je n'essaierai pas de vous consoler, Madame ; je sais que vous ne devez pas l'être, que vous voulez garder cette souffrance comme la seule joie dernière de votre vie.

Et je vous parlerai de lui, non pas tel que vous l'avez connu par votre cœur de mère, mais comme je le vois, comme s'il vivait encore et tel que ses amis l'ont aimé, serviable, discret, gardant toujours aux heures même de lutte ardente cette fleur de courtoisie suprême qui gagne les cœurs et qui domine les plus forts.

Il gouvernait en maître, nous ayant tous conquis de par la volonté d'abord, mais surtout aussi par la douceur de son geste, de sa voix et la sagesse déjà vieille de sa raison. Un des agents de la maison Verdier disait de lui dernièrement qu'il avait en lui la sagesse d'un vieillard.

Et c'était vrai !

Ah ! le brave cœur ! et comme il fut vaillant !

Je me souviens encore de nos débuts à la Côte. Nous étions sans abri, vivant sous des paillotes misérables, ayant à peine un lit de bois et d'herbes sèches pour la nuit, mais combien heureux par notre amitié !

Il vivait alors sans aucun souci de cette misère. L'ardeur qu'il apportait à l'accomplissement de son œuvre lui tenait lieu de tout.

Depuis tantôt dix ans que je l'avais connu, je m'étais senti chaque jour un peu plus attiré vers lui par la bonté parfaite de son cœur. Je l'aimais.

Mais lorsque je le vis s'attacher à son œuvre, lorsque je vis ce jeune homme au travail, lorsque je vis ce long martyre de souffrance, hélas ! ce calvaire si long dans une vie si courte, je fus saisi d'admiration. Mon amitié se fit respectueuse ; et si nous allions côte à côte, la veille encore, malgré le titre et la situation, il fut le maître et mon aîné de ce jour-là.

— Lorsque tu seras gouverneur, lui dis-je, tu me garderas.

Il sourit, ne me voulant pas croire.

Puis nous parlions de vous, Madame, de tous les siens. Un jour même qu'il paraissait être mieux, satisfait surtout des belles espérances que donnait la colonie, il fut convenu que je vous écrirais. Je devais vous dire combien nous étions heureux de cette vie côte à côte dans ce labeur de tous les jours soutenu par notre amitié.

C'est que nous avions parfois de si bonnes heures après le devoir accompli, de si bons moments de paix confiante, que malgré tout le cœur débordait.

Et il voulait alors que vous sussiez par moi, mieux que par lui, qu'il était à l'œuvre, combien vous deviez être fière d'un tel fils.

Et je voulais vous dire en quelle admiration profonde, en quelle estime si complète nous l'avions tous, ce pauvre malade qui nous donnait jusqu'à son dernier souffle l'exemple du courage et de l'abnégation, dans ce labeur mortel qu'il avait entrepris.

« Ta lettre lui fera plaisir », me disait-il. Et j'en étais bien sûr aussi, je savais bien que j'irais droit à votre cœur de mère en vous disant tout simplement ce qu'il était.

Pauvre ami ! pauvre ami perdu !

Puis les jours se passaient : je dus partir pour Assinie. Je vis ce coin de terre tant aimé dont il parlait comme d'une patrie nouvelle qu'il aurait faite. Car il était à lui, ce pays d'Assinie.

Il avait passé là comme une sorte de conquérant, redouté d'abord, adoré plus tard, n'ayant pour toutes armes que son inflexible volonté, soutenue par une bonté si grande que tout avait plié sans révolte devant lui.

A Kinjaboo, quand je rendis visite au vieux roi d'aujourd'hui, impotent et faible, on me parla du roi défunt Amatifou, dont le souvenir plane encore dans ces terres perdues comme l'âme d'un Louis XIV africain.

Ah ! me disait-on, si Amatifou vivait encore, s'il voyait aujourd'hui Treich-Laplène gouverneur de la Côte d'Or tout entière, il y aurait de belles fêtes à Kinjaboo ! Et le pays, mené par ces deux hommes, irait à vos idées, irait vers vous au pas de charge.

Et dans ce rapprochement fait par ces natures incultes entre ce roi nègre et cet homme tout jeune, devant qui les blancs et les noirs s'inclinaient, je n'ai vu qu'une chose : Amatifou était à leurs yeux le plus grand des rois connus, le roi des rois, et Treich-Laplène un chef suprême dont les blancs eux-mêmes reconnaissaient la haute supériorité.

« Tu verras Elima surtout, m'avait-il dit avant mon départ, tu verras la maison blanche vivante et gaie où j'ai vécu, bâtie très haut, sur le grand lac. Tu verras aussi le grand arbre que j'ai laissé tout seul dominant tout. »

Oh ! ce grand arbre.

C'était son arbre à lui, qu'il laissait quand il partait.

Le colosse paisible étendait au loin ses larges bras tranquilles. « L'arbre de Treich », et c'était tout.

—Il garde le pays quand je m'en vais, me disait-il.

Quelques années plus tôt à Paris, comme je lui demandais un jour des nouvelles, car je le connaissais de longue date par ses descriptions :

—Il est magnifique, me disait-il, très haut, balayé par la tempête, mais debout quand même. Et si je dois mourir là-bas, ajouta-t-il, si cette terre doit me garder un jour, c'est dans son ombre que je veux dormir. Je serai là tranquille dans la brise.

Je vis Elima tel qu'il me l'avait fait connaître, sa maison de pierre toute pleine de clarté, haute sur le lac.

A gauche, la forêt, lourde et noire, jusqu'à l'horizon ; et derrière, au levant, les caféiers en fleur, remontant les petites collines d'Elima, tout alignés, chargés de fruits.

Dans cette végétation si douce, ce coin de culture emprisonné dans sa ceinture verte des forêts me fit songer à des lectures d'enfance de la vie des saints, où, sur les hauteurs, dans l'air bleu du matin, le monastère se détache tout ensoleillé, tandis que les moines cultivent en bas.

Et c'était bien ainsi que je le voyais, solitaire et croyant, levé dès l'aurore, dressant un peuple enfant aux choses de la justice.

Je lui dis à mon retour : « Je t'ai vu là-bas dans ces lointaines solitudes, comme un prieur de monastère, très jeune et très sage ; et la cloche même qui sonnait aux heures de travail ou de repos complétait l'illusion. »

Il sourit de ce sourire si près du cœur qui gagnait les plus rebelles.

—Tu écriras ça à Paris, me dit-il ; ma mère te donnera toute son amitié.

Ah ! que je savais bien le chemin de son cœur, à lui aussi, et comme je voyais bien que j'avais dit juste

L'arbre d'Elima, son vieil ami, n'était plus. Il était mort, parti le premier. Je lui conseillai doucement le départ pour la France ; mais dans sa volonté de fer, impitoyable pour son mal, il poursuivait sa tâche.

Debout avec le jour, quand sonnaient les cloches des factoreries, il travaillait, n'ayant plus de souffle, n'ayant plus de voix, s'appuyant à mon épaule pour aller de son lit à sa table de travail, et restant là, cloué, dirigeant tout, écrivant seul, organisant les choses avec cette sagesse, mais aussi avec cette hâte douloureuse, cette activité faite de fièvre, qui lui donnait la perspective de sa mort prochaine.

Oh ! il n'y croyait pas, disait-il, car il demeurait bon pas dessus tout, et il ne voulait pas nous attrister de sa peine.

Nous parlions bas autour de lui, pris de pitié ; mais il s'en plaignait.

« Je ne fais pas de bruit, disait-il à table, parfois; je n'ai plus de voix, mais j'ai le cœur gai. Soyez donc vivants, il me semblera que je suis des vôtres. »

Il avait le cœur gai, car il savait que nous lui rendions pleine justice.

Il mourait victorieux de toute faiblesse, dans le mépris de la souffrance et la résignation glorieuse des martyrs.

Mais avec de tels retours à la vie, de telles violences de lutte pour se ressaisir, que des pleurs nous venaient aux yeux !

Quand tout fut prêt pour son départ, comme la barre était mauvaise et que nos craintes étaient grandes, je lui conseillai d'attendre l'arrivée du paquebot, pendant qu'elle s'apaiserait dans l'intervalle. Mais il avait hâte de partir. Il s'échappait.

Au dernier moment il avait senti que la mort était là. Dans ses nuits douloureuses, couché sur la dure, il avait eu ce froid terrible des lentes agonies. Il s'embarqua sur le ponton de la maison Verdier. « Ne pleure pas, bête, me dit-il, comme je l'embrassais; la Colonie va bien, et nous nous reverrons. »

Je ne l'ai plus revu, et je pleure encore.

Il est mort debout, sans une plainte, le cœur allant aux affections de France, les yeux rivés à la côte africaine, sur le pont du *Macéio*.

Et tandis que venait l'heure suprême, tandis qu'autour de lui en tête les officiers pleuraient, lui, demeuré modeste, ignorait qu'il mourait en soldat, leur faisant signe de la main : « Laissez, laissez, ne vous inquiétez pas. »

Il a parlé de sa mère, ensuite il a parlé des siens. Puis il a dit : « Je crois en Dieu. »

Pauvre martyr que tous ont aimé ! Tu crois en Dieu.

Ta mère en deuil attend que l'heure sonne de te rejoindre.

Le lendemain, lundi 10 mars, dès la pointe du jour, le canon du *Macéio* nous annonçait sa mort. Les pavillons, mis en berne, flottaient sur toutes les factoreries.

Le corps fut débarqué vers les deux heures, et comme il passait devant la coupée, le *Macéio* salua de trois coups de canon. C'était lugubre par cette journée de brise claire.

Le cercueil fut déposé sous une paillote ouverte sur ses quatre faces, enveloppé du drapeau tricolore, tandis que six marins en armes montaient la garde.

Et le soir, à six heures, tout le village réuni, les chefs ayant leurs musiques en tête, nous le portions au petit cimetière des Européens.

Les marins du *Diamant* tirèrent trois salves sur sa

tombe, et son successeur par intérim prononça sur la tombe ouverte son éloge.

Il dort en paix, à tout jamais, sur la terre africaine, en face de la grande mer, à deux pas de la maisonnette que j'habite.

De profundis! voilà tout ce que les vivants ont mis sur sa modeste croix en bois.

La demande d'une tombe en marbre a été faite au ministère, et le nouveau résident, s'il en vient un, s'en occupera très certainement.

Mon devoir tout tracé sera de rappeler ces choses en temps utile. Et le jour où les délais courus permettront l'exhumation je prendrai sur cette pauvre tête quelques-uns de ses cheveux, pour répondre au désir que vous m'avez exprimé dans votre lettre que je viens de recevoir.

E. BRICARD.

DISCOURS prononcé sur la tombe de M. Treich-Laplène, le 10 Mars 1890, par le Docteur Octave Péan, Résident par intérim à la Côte d'Ivoire.

Messieurs !

Je vous remercie de la preuve de sympathie que vous donnez au Gouvernement que j'ai l'honneur de représenter par votre assistance à la triste cérémonie par laquelle j'inaugure malheureusement mes fonctions de Résident intérimaire.

Permettez-moi de vous donner tout d'abord lecture d'une dépêche de Monsieur le Lieutenant Gouverneur auquel j'ai communiqué ce matin la nouvelle de la mort de notre regretté Résident, M. Treich-Laplène, Chevalier de la Légion d'Honneur.

Monsieur le Lieutenant Gouverneur s'exprime ainsi :

« Je suis désolé de la mort de M. Treich-Laplène. Je
» vous prie d'exprimer sur sa tombe les vifs regrets que
» cause à la Colonie des Rivières du Sud la perte subite
» d'un aussi vaillant collaborateur. »

Comme moi, vous savez, Messieurs, que notre regretté Résident, après avoir sacrifié les plus belles années de sa vie à des entreprises du plus haut intérêt pour notre région, n'avait pas hésité à accepter la lourde tâche de faire de la Côte d'Or qu'il aimait tant, une colonie riche et prospère.

Cette tâche n'aurait pas été au-dessus de son énergie indomptable.

Déjà par de sages mesures administratives que vous avez pu apprécier, la marche générale de nos affaires prend une tournure des plus favorables, et c'est au moment où, voyant ses efforts couronnés d'un succès bien légitime, il croyait aller prendre auprès des siens un repos bien mérité que la mort implacable est venue l'arracher à ses travaux et à la reconnaissance de ses administrés.

Qu'il emporte du moins avec lui la certitude que la belle ligne de conduite qu'il s'était tracée sera suivie par ses successeurs, et qu'il n'ignore pas que nous ne prononcerons jamais son nom sans y ajouter respectueusement le titre de FONDATEUR DES ÉTABLISSEMENTS DE LA CÔTE D'OR.

Messieurs les commerçants, vous, vous perdez en la personne de M. Treich-Laplène un appui bienveillant et éclairé ; à ce titre vous lui réserverez toujours, j'en suis certain, un bon souvenir.

Vous, indigènes, votre meilleur ami est mort aujourd'hui !

Il vous connaissait bien, le chef que nous pleurons aujourd'hui ; il vous aimait. Certainement c'est qu'il vous jugeait dignes des bons sentiments que vous lui avez inspirés.

Quant à nous, Messieurs de l'Administration coloniale, mieux que personne nous avons pu apprécier le chef et l'ami, et je vois des larmes au bord des paupières, qui, plus que toutes les paroles, expriment bien les regrets que nous cause la cruelle perte que nous venons d'éprouver.

Messieurs, tous nous connaissons la fragilité de la vie sous les climats meurtriers que nous bravons dans des buts différents.

Tous nous avons vu mourir autour de nous des amis venus pleins d'espoir à la Côte d'Afrique.

Rarement cependant un cas aussi triste s'est présenté.

Monsieur Treich-Laplène, après s'être donné tant de mal, avait atteint le but de sa vie. *Une Colonie était fondée de toutes pièces par ses efforts d'énergie*, et je me rappelle encore sss dernières paroles en embarquant. Alors, plein d'illusions sur l'état de sa santé, il me disait :

« Péan, vous connaissez mes intentions ; suivez la route tracée, et j'espère revoir tout bien établi à mon retour. »

Vingt-quatre heures après, ce vaillant était mort... mort au moment où il espérait prendre la mer pour rétablir sa santé et reprendre la direction de vos intérêts généraux pour l'administration de la Colonie.

Messieurs, M. Treich-Laplène était croyant ! Que ceux d'entre vous qui dans les jours de malheur ont encore la ressource d'adresser à Dieu une prière suprême, n'oublient pas aujourd'hui Monsieur Treich, et tous, Messieurs, ne quittons cette tombe qu'en disant au revoir à cette vaillante victime de son dévouement à sa patrie et à la civilisation.

Puissent nos larmes et nos regrets adoucir ceux d'une malheureuse mère et d'une sœur desquelles notre regretté mort ne cessait de parler avec la délicatesse de sentiments qui lui était propre !

Monsieur le Résident, notre ami :

AU REVOIR !

EXTRAIT DE « LA GÉOGRAPHIE », 20 MARS 1890.

MORT DE M. TREICH-LAPLÈNE,

Résident de France à Grand Bassam.

Une nouvelle qui ne laissera pas que d'impressionner vivement tous ceux qui suivent nos progrès coloniaux et en particulier tous ceux qu'intéressent nos affaires du Soudan, nous est parvenue la semaine dernière.

M. Treich-Laplène, qui avait sollicité spontanément la mission d'aller au-devant du capitaine Binger dont on n'avait plus de nouvelles depuis quelques mois, vient de mourir à Assinie, où il était Résident de France. Ces fonctions, avec la croix de la Légion d'Honneur, lui avaient été dévolues par notre Gouvernement en récompense de son héroïque initiative.

M. Treich-Laplène était un de ces convaincus, modestes et sobres d'ambition, qui n'attendent rien en retour de leurs actes, que la satisfaction de leur conscience. Les lauriers que ceux de nos compatriotes qui ne sont désignés que pour cela jettent un peu à tort et à travers, ne l'avaient pas tenté. Cette réserve de M. Treich-Laplène est un des plus beaux désintéressements que nous connaissons.

Il est mort à 29 ans, d'anémie, de consomption et de fatigues.

Puisse le faible témoignage de notre admiration et de nos regrets apporter quelque consolation à Mme Treich-Laplène, sa mère !

LA RÉDACTION.

LETTRE du Colonel MONTEIL à Mademoiselle TREICH-LAPLENE.

Le Manoir,

Herblay,

ce 29 Juin 1909.

Mademoiselle ....,

Je suis entièrement avec vous dans vos légitimes revendications au sujet du patrimoine glorieux que votre illustre frère vous a légué. Vous avez le droit absolu de ne pas permettre que son nom et ses actes tombent dans l'oubli, aujourd'hui que la Côte d'Ivoire est devenue un champ fertile qu'exploitent fébrilement les profacteurs de tout rang, même ceux qui devraient se tenir en dehors de ces sortes d'opérations.

« Si Treich-Laplène a son monument à Ussel, c'est à la Côte d'Ivoire que sa tombe doit rappeler à ceux qui profitent de ses travaux, que ce vaillant a sacrifié sa vie à l'œuvre de l'expansion coloniale française en ces régions.

« Je vous autorise, Mademoiselle, à faire l'usage que vous jugerez convenable de cette lettre, pour l'obtention du but que vous poursuivez : Faire commémorer à la Côte d'Ivoire par un monument, la mémoire de votre frère Treich-Laplène. »

(Signé) P. L. MONTEIL.

SCENE DE MŒURS AU BONDOUKOU, EN 1888.

(Tirée d'un manuscrit inédit de Marcel Treich-Laplène.)

Il nous semble extrêmement intéressant de retrouver M. Treich-Laplène au milieu de ces peuplades primitives, qui voyaient un blanc pour la première fois. Et quand l'on songe que ces pages, qu'il n'eut jamais le temps de reviser, sont le premier jet de descriptions faites à la hâte, dans des conditions de fatigues et de souffrances de tous genres, l'on peut se représenter quel dev ait être le charme attirant de ce jeune héros français.

LE BONDOUKOU.

Pour rentrer à Paris il faut passer à l'octroi ; pour rentrer à Buffalo on prend un ticket; pour rentrer dans un village du Bondoukou il faut se faire annoncer !

Notre guide nous avait précédés pour annoncer notre arrivée dans le village.

Harassés, trempés par une pluie de plusieurs heures, crottés et affamés, mes quarante hommes et moi faisons halte près d'un ruisseau qu'un arbre abattu nous permettra de franchir. Les trainards rejoignent, les porteurs ont délesté leur crâne de leur charge. On souffle quelques instants et, en attendant l'avis d'entrée, je dispose mes gens pour une entrée de bonne allure. Hassankou, mon messager de tête, a exhibé sa casquette galonnée des grandes solennités, il porte mon fusil de chasse et se tient prêt à prendre la file.

Les huit tirailleurs enfilent leurs pantalons dont ils se sont délestés pour pouvoir trotter plus aisément en forêt, tandis que le caporal Tano déroule et arbore le pavillon français au bout du canon de son fusil.

« Tâche d'être éloquent », dis-je à mon interprète Cadia ; « il s'agit d'avoir à manger avant demain ; tu sais que les hommes ont faim, et moi aussi. »

« J'ai compris », me dit-il en faisant un geste de mâchoire qui signifiait clairement qu'il en voulait sa part.

Cependant, on vient me prévenir que nous pouvons entrer ; une sonnerie de cornes met nos gens sur pied, et derrière le guide Hassankou pend la file des porteurs.

Nous sortons enfin de la forêt ; des jardins de manioc, d'ignames et de bananes s'étalent devant nous ; à quelques pas plus loin apparaissent des cases. Nous entrons à Djenné, grand village de 2.000 ou 3.000 habitants, à trois étapes de Bondoukou. Un bruit de tam-tam nous indique que le rassemblement se fait pour nous recevoir. En effet, sur la grande place où nous arrivons le chef du village, entouré des anciens et des principaux personnages du village, nous attend assis à l'ombre d'un vaste parapluie bariolé que l'on agite au-dessus de sa tête. A notre approche une fanfare de cornes et d'oliphants fait entendre des accords sauvages qui s'harmonisent avec les roulements du tam-tam. Un porte-canne, muni d'un glaive à poignée d'or, vient nous faire signe d'avancer.

Le guide, suivi d'Hassankou, va saluer de la voix et du geste chaque groupe de l'assemblée ; il passe devant le chef, lui fait un salut plus accentué, et, la ronde achevée, rebrousse pour se ranger auprès du drapeau et des tirailleurs vis-à-vis l'assemblée au fond de la place.

Tous mes gens défilent de la même façon ; précédé de mon interprète, j'avance le dernier ; je les salue tous de la même façon que mes gens ; je donne au chef une longue poignée de main et vais m'installer au centre de mon groupe de nègres, tirailleurs, et porteurs.

A peine suis-je assis que des femmes portant des potiches d'eau et des callebasses viennent nous offrir à boire. Cette opération achevée, l'assemblée du village se lève, et chaque chef ou personnage, accompagné de ses femmes, de ses enfants, de ses serviteurs ou esclaves, s'avance à tour de rôle et dans une suite régulière, pour venir nous rendre le salut que nous avons apporté. Les poignées de main sont nombreuses; chacun est désireux de toucher la main du Blanc qui est le point de mire de tous les regards. Chacun rentre à sa place. Le chef détache alors un ou deux porte cannes qui s'avancent à quelques pas au devant de nous et viennent nous demander l'objet de notre venue.

Le plus brièvement possible je tâche de leur faire entendre les raisons toutes pacifiques qui m'amènent, mais c'est quelquefois très long, car il faut reprendre les choses à mon point de départ, ainsi que c'est l'usage dans ces sortes d'arrivées.

Lorsque ces explications sont fournies, et ont satisfait l'assemblée, le messager ou porte-canne chargé de porter la parole vient nous souhaiter la bienvenue en son nom.

On songe alors à nous loger. Un des chefs du village est spécialement chargé de cela; on nous l'envoie et lui-même nous conduit dans les cases qu'on nous destine.

J'ai pour moi une vaste case sur laquelle Tano plante le pavillon; on groupe là les colis du convoi. Mais nos hôtes s'empressent ; ils ont vu que nous étions fatigués d'une longue marche, que nous avions besoin de repos et de vivres. Le chef nous en envoie un petit lot en promettant davantage pour le soir. Il a, en effet, dépêché des gens aux jardins et à la chasse.

De mon côté j'envoie un premier présent à ce chef hospitalier qui se hâte de venir me remercier et de faire plus ample connaissance avec moi. Sans tarder nous sommes bons amis. Mes effets, mes armes, tout ce que j'ai l'intéresse, il voudrait tout voir, mais il comprend que j'ai besoin de repos et, malgré sa grande curiosité, remet l'inspection à plus tard. Il serait trop long dans cet aperçu rapide que je veux donner d'une entrée dans un village, de dire les mille dérangements que la curiosité de tous nous occasionne. Tous veulent voir le Blanc, lui parler, le toucher. Le malheureux a beau se garer, ses moindres gestes sont épiés. Les enfants rôdent avec frayeur et persistance ; les femmes surtout sont acharnées et montrent moins de réserve ou de timidité que les hommes ou les enfants. Le Blanc mange-t-il ? Boit-il ? Dort-il ? Quelle est sa nourriture ? Ses souliers et ses guêtres, sont-ils attenants à ses jambes ? Est-il blanc sur tout le corps ? Mille questions, baroques ou saugrenues qu'on tient à étudier ou vérifier.

Oh, vous, gente noire de l'esplanade des Invalides, vous apprenez à votre tour les tortures que nous inflige la curiosité de vos frères d'Afrique !

Un bruit de ferraille fêlée se fait entendre ; c'est la clochette de Sakarabourou que l'on agite dans les différents quartiers du village pour réunir les habitants à la soirée dansante qui va avoir lieu sur la grande place du village.

Passant d'un quartier à l'autre, l'acolyte chargé de sonner le rappel semble activer de la voix et du geste la population d'ébène qui afflue des environs des cases. Une animation plus vive règne partout; les repas du soir s'achèvent en hâte, et l'on voit partout les hommes, les femmes, les jeunes filles, et les jeunes gens, les enfants des deux sexes, faire la toilette indispensable pour une assemblée de premier ordre.

Pourquoi ce bruit et cette animation— On se le dit tout en se préparant. Une caravane est arrivée l'après-midi ; à sa tête est un homme blanc ; il vient de la mer ; avec lui sont des hommes noirs de la côte. A son arrivée les chefs l'ont reçu, un peu surpris d'abord de sa brusque arrivée; ils ont été vite rassurés par son attitude pacifique, par ses paroles et ses présents. Et puis on a consulté le fétiche, dont l'avis a été favorable. Ce blanc vient faire visite au roi du Bondoukou; il faut le bien recevoir pour faire plaisir au roi.

Aussi va-t-on danser, et ce soir Sakarabourou sortira.

En effet, quelque temps après l'avertissement de la clochette, un bruit nouveau se fait entendre à l'extrémité du village; c'est la fanfare de Sakarabourou qui lance ses premières et formidables notes.

Joueurs de cornes et d'oliphants commencent à harmoniser leurs bruits avec ceux du tam-tam. Ce groupe de musiciens s'est formé à l'entrée d'une enceinte de bambous qui entoure la cour d'une case isolée des groupes du village. C'est la demeure de Sakarabourou, le grand fétiche des Abrons, le génie du bien, le maître des destinées publiques et privées. Sakarabourou commande la paix ou la guerre, de lui dépendent la félicité, ou le malheur, la fortune, la santé, la richesse, la fécondité, la vie, la mort — tout relève de sa puissance. « C'est Dieu (Namian, Turry, le Grand Tomory), m'a expliqué Adjimin le sultan de l'Abron, qui nous a envoyé ce puissant génie. Il y a longtemps, longtemps, il est tombé du ciel. On lui a construit une case; il a toujours été bien traité, et chacun de mes villages a voulu en avoir un; aussi tu le rencontreras partout dans mon pays, et tu peux être assuré que partout où tu le verras, il ne te sera fait aucun mal. »

Donc Sakarabourou est devenu le symbole de la religion fétichiste des peuplades variées du pays de l'Abron et du Bondoukou. Les musulmans eux-mêmes, bien que rigoureux observateurs des pratiques de l'Islamisme, se réunissent volontiers aux solennités des fêtes de Sakarabourou, et y coopèrent comme musiciens ou spectateurs.

C'est sous la figure du Bœuf, le plus souvent du bœuf sauvage à cornes longues plantées en croissant, que se présente le génie Sakarabourou. Un grand masque en bois sculpté s'adapte sur la tête d'un figurant auquel on laisse deux ouvertures pratiquées au dessous des yeux du masque. Une épaisse crinière en fibres de palmier part des cornes et du frontal pour retomber sur les épaules ; une grande casaque en filaments de même nature forme pour tout le corps de l'individu un vêtement assorti à sa tête et à sa crinière. La gueule du bœuf est généralement façonnée en machoire de caïman aux dents aiguës ; les naseaux peints en rouge lui donnent un air flamboyant et parfois terrible. Armé d'un fouet aux lanières de cuir à un ou plusieurs brins, Sakarabourou, dès qu'il se produit, devient le roi de la place, qu'il commande et qui lui obéit.

Du groupe des musiciens un joueur de corne, revêtu d'une série de guirlandes en fibres de palmier qui sont fixées au cou, aux coudes, à la ceinture, et aux jambes, se détache et passe dans le village au son de sa trompe qui rend un son analogue au mugissement du bœuf, sonner le dernier ralliement pour la danse.

De tous côtés la population de tout sexe et de tout âge se porte sur la place principale du village ; les groupes de chanteurs se forment, les hommes ensemble, les femmes de leur côté ; ils entonnent des chœurs d'ouverture. Les musiciens, munis de tam-tams, de calebasses remplies de grains secs, prennent place au centre de la place. Autour d'eux, formant un immense cercle, se rangent les jeunes hommes danseurs, vêtus de caleçons à longues franges et garnis aux bras, aux jambes et à la ceinture de filaments légers et ondoyants. Puis les jeunes femmes revêtues de leurs pagnes le plus voyants. Un groupe de jeunes garçons, puis un de jeunes filles, s'étalent de la même façon, fermant le cercle, la face tournée au centre vers l'orchestre.

Des chefs de danse et de groupes, armés de fouets, règlent l'ordre et la mesure ; ils sont chargés de donner le ton des chants et de mettre au pas et en mesure les 250 ou 300 (et quelquefois plus) personnages qui vont former la ronde gigantesque, qui durant plusieurs heures exécutera, avec des chants divers, les figures les plus variées.

Le branle est donné : on attaque la première figure ; tous scandent le même refrain, marquent le même pas, exécutent en ordre le même mouvement du corps et des bras. L'orchestre donne la note générale et continue, tandis qu'à tour de rôle les groupes masculins et féminins s'accordent sur le refrain.

Cependant on m'a fair avertir que le chef du village m'attendait. Je vais le rejoindre ; on m'a réservé une place auprès de lui. La danse et les chants redoublent d'animation à mon arrivée ; la grande place est sur toutes ses faces bondée des gens du village et de ceux des petits villages environnants attirés par le bruit du tam-tam qui a résonné jusque chez eux.

L'entrain règne partout ; l'immense ronde tourne longtemps sur elle-même, s'arrête sans se disjoindre, reprend haleine quelques instants et se remet en danse sur un air nouveau avec une figure nouvelle.

Tout à' coup un mouvement se fait dans l'assistance. Du côté de la rue principale, le bruit des cornes et des oliphants se rapproche ; quelques coureurs armés de fouets et de queues de cheval ou d'éléphant, viennent faire écarter les gens à l'entrée de la place. C'est Sakarabourou qui arrive ; est-il de bonne ou de mauvaise humeur ? on se le demande. Mais le voilà qui apparaît ; il vient de brandir son fouet sur deux ou trois fuyards ou retardaires de l'assemblée. On cherche à le calmer ; des acolytes munis de longs éventails en ronier l'éventent en tous sens, les musiciens redoublent leurs modulations aiguës ou ronflantes. Le voilà près de la place, sa colère semble s'apaiser. Il avance lentement, se met au pas de la musique qui règle la danse, il se rapproche faisant une pantomime de satisfaction; toujours suivi de son escorte particulière il circule autour de la place, visitant et saluant çà et là les personnages marquants du village. Il arrive au groupe du chef où je me trouve. Là, après une longue mimique de gestes affables et d'entrechats, il vient s'incliner devant le chef et devant moi. Un long cri d'approbation s'élève dans l'assemblée. Sakarabourou poursuit sa promenade et ses évolutions pittoresques et excentriques au milieu de l'assistance qui semble lui témoigner une grande déférence. Parfois un coup de fouet pour rappeler à l'ordre un oublieux des convenances, parfois il se porte vers la ronde pour en examiner l'entrain, puis il s'éloigne faire dans le village une sorte de ronde destinée à écarter les mauvais esprits qui pourraient rôder autour.

Cependant la nuit s'avance, la lune semble vouloir disparaître, la ronde cesse son mouvement tournant, les groupes se rangent sur le groupe des musiciens qui a servi de pivot, et tous ensemble font escorte jusque chez lui à Sakarabourou. A son exemple chacun rentre chez soi.

Ces quelques lignes sont bien insuffisantes pour décrire cette scène de mœurs du Bondoukou. Je tenais cependant à donner une idée de cette cérémonie des danses de Sakarabourou qui fait partie de la reception de bienvenue faite aux étrangers.

Dans tout l'Abron, avant même ma présentation au roi, de semblables fêtes ont eu lieu dans chaque village où j'ai paru. « Les danses telles que nous les pratiquons en les associant à tous les grands événements de la vie, me disait un vieillard du Bondoukou, ont une action bienfaisante sur l'esprit des populations; c'est en dansant et en chantant que nous instruisons nos enfants à être bons et hospitaliers; les refrains de nos danses disent que Sakarabourou défend de tuer, de voler, de tromper, d'empoisonner; ils lui demandent l'éternel lever de la lune, l'abondance des ignames et du maïs, le succès à la chasse, l'attachement des esclaves et la fécondité des femmes. »

Mais ce n'est là qu'une des parties accessoires de ma réception dans les immenses et populeuses régions du Bondoukou.

ADDENDUM.

A compléter, au chapitre des Appendices, page 53, la « *Liste des Traités passés par M. Marcel Treich-Laplène* » par :

Cottocrou .... passé le 21 juillet 1887

OUVRAGES CONSULTÉS

BINGER (L.-G.), *Du Niger au Golfe de Guinée*, 1891.

BONNEAU (Lt.), *La Côte d'Ivoire*, 1899.

Bulletin de la Société de Géographie Commerciale de Paris, Tome XII.

Bulletin du Comité de l'Afrique Française.

Bulletin de la Société de Géographie de Marseille, vol. 13.

Bulletin de la Société de Géographie, Paris, 1899.

Bulletin de la Société Languedocienne de Géographie, Tome XIV.

CLERCQ (A.-H.-J. de), *Recueil des Traités de la France*, Tomes XVII et XVIII.

CLOZEL (F.-J.), *La Côte d'Ivoire.* (*Bulletin de la Société de Géographie*, 1899.)

CLOZEL & VILLAUMUR, *Les Coutumes Indigènes de la Côte d'Ivoire*, 1902.

DEVILLE (Victor), *Partage de l'Afrique*, 1905.

D'ESTAMPES (L.), *La France au Pays Noir*, 1893.

Exposition Universelle de 1900. Colonies et Pays de protectorat, 1900.

Exposition Universelle de 1900. Les Colonies Françaises, 1900-1902.

FERRY (E.), *La France en Afrique*, 1905.

FREY (Colonel), *Côte Occidentale d'Afrique*, 1905.

GAFFAREL (Paul), *Le Sénégal et le Soudan Français* 1892.

GAFFAREL (Paul), *Les Colonies Françaises*, 1899.

Gouvernement Général de l'Afrique Occidentale Française. Notice publiée par l'Exposition Coloniale de Marseille, 1906.

HERTSLETT (Sir E.), *Map of Africa by Treaty*, 1909.

JOHNSTON (Sir H.-H.), *The Colonisation of Africa*, 1905.

KELTIE (J. Scott), *The Partition of Africa*, 1893.

LEGENDRE (P.), *La Conquête de la France Africaine*, 1904. *Notre Épopée Coloniale*, 1901.

MILLE (Pierre), *La Côte d'Ivoire* (Exposition Universelle, 1900).

MONNIER (Marcel), *La France Noire*, 1894.

MONTEIL (P.-L.), *De Saint-Louis à Tripoli par le Tchad*, 1895. *Une Page d'Histoire Militaire Coloniale*, 1902.

D'OLLONE (H.-M.-G.), *De la Côte d'Ivoire au Soudan et à la Guinée*, 1901.

ORTROY (F. van), *Conventions Internationales définissant les limites actuelles des possessions en Afrique*, 1898.

Parliamentary Papers. Africa n° 3 (1890) and 7 (1892). C. 5905, 6701 R.

PETIT, *Organisation des Colonies Françaises*, Tome I, 1894.

PHILEBERT (C.) & ROLLAND, *La France en Afrique*, 1890.

RAMBAUD, *Petite Histoire de la Civilisation Française*.

RECLUS (E.), *Africa and its Inhabitants*, 1899.

Revue des Deux Mondes, 1890 (1" février).

Revue de Géographie, 1895, 1896.

Revue Encyclopédique, 1895, 1898.

ROUARD DE CARD (E.), *Territoires Africains et les Conventions Franco-Anglaises*, 1901.

ROUARD DE CARD (E.), *Traités de protectorat conclus par la France en Afrique*, 1870-1895.

Société de Géographie, Paris. Rapports annuels sur les progrès de la Géographie, Tome III, 1885-1892.

VERDIER (A.), *Trente-cinq années de Luttes aux Colonies*, 1896. *La Vérité à propos de l'Expédition Monteil*, 1895.

VILLAUMUR & RICHARD, *Notre Colonie de la Côte d'Ivoire*, 1903.

WAHL (Maurice), *La France aux Colonies*, 1896.

WHITE (A.-Silva), *The Development of Africa*, 1892.

TABLE DES MATIERES.

www.ingramcontent.com/pod-product-compliance
Lightning Source LLC
Chambersburg PA
CBHW071326030726
47594CB00002B/554